Last minute
VEGGIE

VEGGIE

Blitzschnelle Rezepte für
fleischlosen Genuss

CHRISTIAN

Inhalt

Warenkunde

Der Veggie-Vorratsschrank

Mit einem gut ausstaffierten Vorratsschrank macht das Kochen noch mehr Spaß. Denn damit sind die wichtigsten Zutaten stets griffbereit und man spart sich so manch lästigen Einkauf.

Während die anderen in der Feierabend-Rushhour noch nach einem Parkplatz suchen oder an der Kasse stehen, schwingen Sie schon den Kochlöffel oder genießen gerade Ihren ersten Bissen. Klingt doch super, oder? Und ist tatsächlich kein Problem, wenn man sich geschickt bevorratet. Diese Produkte sollten Sie zu Hause haben:

Vorratskammer

Neben Gemüse sind sie die Basics der Veggie-Küche: Nudeln, Reis, Couscous, Bulgur, Polenta, Quinoa oder Amaranth. So lecker und vielseitig verwendbar, dass man eine Auswahl davon immer zu Hause haben sollte. Das Gute: Sie lassen sich mehrere Monate bis sogar Jahre im Vorratsschrank lagern. Von vielen Produkten gibt es sogar Instant-Varianten, die in wenigen Minuten zuzubereiten und daher ideal für die Blitzküche sind (siehe Seite 9 »5 Veggie-Must-Haves«).

Auch Nüsse und Samen gehören zu der Produktgruppe, die sich in der Vorratskammer sehr wohlfühlen. Mit Walnusskernen, Mandelkernen und Co. lassen sich viele Rezepte wie Salate oder Aufläufe knackig veredeln. Ein Pesto ohne Nüsse? Undenkbar! Und natürlich sind Nüsse und Samen auch ein hochwertiger, gesunder Snack für zwischendurch.

Sehr lecker zum Naschen sind auch Trocken- oder Softfrüchte. Sie eignen sich aber auch super als Topping für Suppen und Salaten oder als Füllung für Teigtaschen oder Gemüseröllchen.

Tiefkühl-Produkte

Sie sind viel besser als ihr Ruf! Denn Gemüse, Obst und Kräuter werden erntefrisch schockgefrostet, sodass die guten Inhaltsstoffe weitgehend erhalten bleiben. Und natürlich sind sie super praktisch. Putzen, waschen, schnippeln – alles schon erledigt. Das spart richtig Zeit beim Kochen. Und man kann sie wirklich prima auf Vorrat kaufen. Bis zum Gebrauch lagern sie ohne Qualitätsverlust im Tiefkühlschrank.

Gläser und Dosen

Bunkern Sie Dosen! Ganz im Ernst: Konserven lassen sich einwandfrei mehrere Jahre aufbewahren. Ob nun Früchte wie Aprikosen, Pfirsiche oder Pflaumen, Gemüse wie Karotten, Mais oder Spargel oder Hülsenfrüchte wie Bohnen, Erbsen, Kichererbsen oder Linsen. Für noch mehr Abwechslung auf dem Veggie-Teller sorgen eingelegte Spezialitäten wie getrocknete Tomaten in Öl, Oliven oder Antipasti-Gemüse.

Vakuum-Gemüse

Richtig praktisch ist auch Gemüse aus dem Vakuum. Gibt's in der Gemüseabteilung Ihres Supermarkts bestimmt auch: in Folie eingeschweißte Maiskolben, Rote Bete oder Maronen. Solche Produkte sparen richtig lange Garzeiten.

Kühlschrank

Milch, Milchprodukte und Eier lagern am besten im Kühlschrank. Ebenso natürlich die entsprechenden veganen Alternativen aus Soja, Kokos, Hafer und Co. Je nach Produkt liegt die Haltbarkeit zwischen ein paar Tagen und mehreren Wochen oder sogar Monaten. Immer praktisch, um Salate zu toppen, sind Feta und Mozzarella. Auch Gouda ist ein Alleskönner und prima zum Überbacken oder Füllen geeignet. Für Urlaubsfeeling sorgt Halloumi, der halbfeste, nicht schmelzende Käse aus Zypern, der perfekt zum Grillen oder Braten geeignet ist.

Gemüse, Salat und Kräuter gehören größtenteils ins Gemüsefach des Kühlschranks. Bei etwa 0 °C und 90 Prozent Luftfeuchtigkeit hält sich das Grünzeug je nach Sorte einige Tage bis eine Woche frisch. Tomaten und Avocados jedoch mögen keine Kälte. Sie sollten lieber in der Obstschale gelagert werden.

Aus der Gewürzschublade

Ohne Kräuter und Gewürze geht gar nichts beim Kochen. Salz, Pfeffer, Muskatnuss, Curry, granulierter Knoblauch und Paprika (rosenscharf und edelsüß) sind

wichtige Basics. An getrockneten Kräutern empfehlen sich Rosmarin, Thymian, Majoran und Oregano. Petersilie, Kerbel, Basilikum oder Schnittlauch schmecken hingegen frisch am allerbesten.

5 Veggie-Must-Haves

Manchmal muss es beim Kochen ratzfatz gehen. Dann ist es praktisch, folgende Express-Zutaten im Haus zu haben:

1. Pseudogetreide Die drei wichtigsten Pseudogetreide sind Amaranth, Quinoa und Buchweizen. Sie gehören zwar im botanischen Sinne nicht zu den Getreiden, ihre Körner werden aber ähnlich wie echtes Getreide verwendet. Pseudogetreide sind willkommene Zutaten in der Veggie-Express-Küche. Buchweizen ist je nach Produkt in etwa 15, Quinoa in etwa 20 und Amaranth in etwa 30 Minuten gegart.

2. Express-Getreide Der Handel bietet eine tolle Auswahl an Turbo-Getreiden. So zum Beispiel Parboiled

Reis, Weizen (»Zart-Weizen«, »Ebly«) oder Dinkel (»Dinkel wie Reis«, »Zart-Dinkel«). Sie alle sind durch ein bestimmtes Verfahren vorgegart, sodass sie viel schneller gar sind als das unbehandelte Korn. Auch geschrotetes Getreide wie Bulgur (Hartweizengrütze), Couscous (Hartweizengrieß) oder Polenta (Maisgrieß) steht in Minutenschnelle auf dem Tisch. Für besonders eilige Köche gibt es Instant-Produkte. Mit kochender Brühe aufgießen, kurz quellen lassen, fertig!

3. Frische Nudeln

Nudeln sind ja grundsätzlich schnell gemacht, aber die Pasta-Varianten aus frischem Teig toppen mit ihren 1–2 Minuten Garzeit wirklich alles. Im Kühlregal finden sich frische Bandnudeln, Ravioli und Tortellini mit allerlei Füllungen, aber auch Gnocchi und Schupfnudeln.

4. Fertigteige

Lust auf Pizza? Oder einen schnellen Wrap? Zum Glück gibt es in jedem gut sortierten Supermarkt eine große Auswahl an fertigen Teigen: Pizzateig, Mürbeteig, Hefeteig, Blätterteig, Filoteig und vieles mehr. Einfach nach Herzenslust belegen und backen. Die fertigen Soft-Tortillas aus Weizen, Vollkorn oder Mais braucht man nur kurz erwärmen, dann füllen und zu einem Wrap aufrollen.

5. Würzige Pestos

Pestos sind echte Multitalente. Ein, zwei Löffelchen Pesto unter die gegarten Nudeln gemischt, fertig ist eine komplette Mahlzeit. Auch an Suppen und Risotto bringt ein Pesto jede Menge Würze. Ebenso ans Grill- oder Pfannengemüse. Der Handel bietet eine Fülle an verschiedenen Pesto-Varianten. Sie können natürlich auch selbst den Mixstab schwingen und eigene Sorten kreieren. In diesem Buch finden Sie viele Anregungen.

Tofu, Seitan oder Lupine?

Statt Fleisch und Fisch kommen in der vegetarischen und veganen Küche gern Tofu, Tempeh und Co. auf den Tisch. Aber welche Produkte sind das eigentlich? Wie schmecken sie und was steckt Gutes drin?

Tofu

Er ist die wohl bekannteste vegane Zutat. Tofu besteht aus dem Eiweiß von Sojabohnen. Bei der Herstellung werden die eingeweichten Sojabohnen gekocht, püriert und schließlich passiert. Die entstandene Sojamilch wird mit einem natürlichen Gerinnungsmittel versetzt, wodurch das Eiweiß ausflockt. Dieses Eiweiß wird zu Blöcken gepresst und zur besseren Haltbarkeit pasteurisiert und vakuumverpackt.

Tofu schmeckt unverarbeitet relativ neutral. Das ist ein großer Vorteil, denn durch Gewürze, Marinaden und verschiedene Zubereitungsarten lässt sich ganz viel Köstliches daraus zaubern. Neben Tofu natur gibt es noch zahlreiche Varianten: geräuchert (schmeckt fast wie Fleisch), als weicher Seidentofu (perfekt für cremige Desserts, Dips oder Brotaufstriche), gewürzt oder mit Nüssen oder Kräutern versetzt.

Dank des hohen Proteingehalts, der Vitamine, Mineralstoffe und sekundären Pflanzenstoffe gilt Tofu als sehr gesund. Das Sojaprotein ist für uns Menschen besser verwertbar als die meisten anderen pflanzlichen Proteine und enthält zudem alle essenziellen Aminosäuren. Unverarbeiteter Tofu ist von Natur aus laktose-, gluten- und cholesterinfrei.

Tempeh

Tempeh stammt ursprünglich aus Indonesien, wo es schon seit über 2.000 Jahren als hochwertige und preiswerte Proteinquelle geschätzt wird. Auch Tempeh wird ebenso wie Tofu aus Sojabohnen hergestellt. Allerdings sieht das Endprodukt ganz anders aus und auch der Geschmack unterscheidet sich. Bei Tempeh sind die verarbeiteten Sojabohnen nämlich noch komplett erhalten und auch deutlich sichtbar. Und der Geschmack ist viel kräftiger als bei Tofu.

Für Tempeh werden die gekochten und geschälten Sojabohnen ähnlich wie bei Gorgonzola oder Camembert mit Edelschimmelpilzen (Rhizopus oligosporus) versetzt, was eine Fermentation zur Folge hat. Positive Nebeneffekte: Dank des Herstellungsprozesses enthält Tempeh Vitamin B12 – ein für Veganer oftmals kritischer Nährstoff. Und das Eiweiß wird durch die Fermentation leichter verfügbar für den Körper.

Soja-Schnetzel

Und noch ein Produkt aus Sojabohnen. Bei der Sojaölherstellung werden Sojabohnen unter hohem Druck gepresst. Dabei entsteht quasi als »Abfallprodukt« entfettetes Sojamehl in unterschiedlich großen Stücken. Diese Stückchen werden in Biomärkten und Drogerien als Soja-Schnetzel (auch Sojafleisch, Soja-Granulat oder texturiertes Soja genannt) verkauft.

Der Clou: Soja-Schnetzel können ähnlich wie Hackfleisch verarbeitet werden. Es lassen sich daraus wunderbare vegetarische Bolognesesaucen für Pasta und Lasagne sowie Chili sin Carne zubereiten. Wichtig: vorher einweichen und kräftig würzen.

Seitan

Seitan wird aus Weizeneiweiß hergestellt und entsteht durch die Auswaschung von Stärke aus Weizenmehl. Ein Seitansteak auf dem Salat sieht nicht nur fast aus wie Fleisch, es hat auch ein ähnliches Mundgefühl.

Seitan enthält wenig Fett und ist daher ideal für eine kalorienbewusste Ernährung geeignet. Es enthält zwar viel Eiweiß, jedoch ist die Verfügbarkeit für den menschlichen Körper nicht so gut wie bei Sojaeiweiß. Seitan enthält viel Gluten, daher sollten Menschen mit Gluten-Intoleranz (Zöliakie) darauf verzichten.

In Biomärkten und Reformhäusern findet man neben Seitan natur auch Produkte, die auf Basis von Seitan hergestellt wurden: Bratlinge, Aufschnitt, Würstchen, Steaks und Schnitzel.

Lupinenfilet

Die Lupine gehört ebenso wie die Erbsen und die Bohnen zur Familie der Hülsenfrüchtler. Lupinen gibt es als Gemüsepflanze, Futterpflanze, Zierpflanze und Wildpflanze. Wilde Formen enthalten Lupinin, einen giftigen Bitterstoff. Die Zuchtformen, sogenannte Süßlupinen, hingegen sind weder giftig noch bitter, sondern ideal für den Verzehr geeignet. Ihre Samen sind sehr proteinreich und lassen sich zum Beispiel zu Lupinenfilets verarbeiten. Die Konsistenz ist schön fest, sodass sich die Filets prima braten oder sogar grillen lassen.

Vegane Basics

Die Basis dieses Buchs ist eine ovo-lakto-vegetarische Ernährung. Milch, Milchprodukte und Eier kommen also in den Rezepten vor. Wer sich jedoch vegan ernähren möchte, kann auch diese Lebensmittel ersetzen.

Milch-Ersatzprodukte Soja-, Hafer-, Reis-, Mandel-, Kokos-, Quinoa- oder Nussdrinks aus Macadamia-, Cashew- und Haselnusskernen – es gibt viele Alternativen zur Kuhmilch. Milchersatz-Produkte enthalten einfach und mehrfach ungesättigte pflanzliche Fettsäuren, die der Körper für den Stoffwechsel braucht. Drinks ohne zugesetzten Zucker sind meist deutlich kalorienärmer als Kuhmilch. Vielen Produkten ist jedoch Zucker beigemischt, damit sie süßer und vollmundiger schmecken. Daher lohnt ein Blick auf die Zutatenliste und die Nährwerte. Von Natur aus mangelt es den

Drinks gegenüber Kuhmilch an Kalzium und Vitaminen. Um dies auszugleichen, werden sie daher bei der Herstellung häufig mit bestimmten Vitalstoffen versetzt. Auch Zusatzstoffe wie Emulgatoren oder Stabilisatoren können sich in konventionellen Produkten finden. Wer dies nicht möchte, sollte Bio-Milchersatz-Produkte wählen.

Milchprodukt-Alternativen Auch zu den Milchprodukten wie Joghurt, Sahne und Crème fraîche gibt es heutzutage in den Supermärkten viele vegane Alternativen. So zum Beispiel Soja-Joghurtalternative und Soja-Quarkalternative – pur oder mit Frucht. Zum Verfeinern von Saucen und grundsätzlich zum Kochen eignen sich eine Soja-, Kokosnuss- oder Reis-Kochcrème. Wer einen Klecks Schlagsahne auf dem Kuchen mag, kann sie durch vegane Soja-Schlagcreme oder Soja-Sprühcreme ersetzen.

Ei-Ersatzpulver Wer backen möchte, braucht Eier – oder Ei-Ersatzpulver. Das Pulver besteht zum Großteil aus Maisstärke und Lupinenmehl. Es wird einfach mit kaltem Wasser angerührt und dann in den Teig gegeben. Ein Teelöffel Ei-Ersatzpulver mit etwa 4 EL Wasser verrührt ersetzt ein Ei.

Binde- und Geliermittel Für Torten oder Desserts braucht man in klassischen Rezepten häufig Gelatine. Diese hat allerdings einen tierischen Ursprung. Rein pflanzlich ist Agar-Agar, ein aus Meeresalgen gewonnenes Geliermittel. Es funktioniert ganz ähnlich wie Gelatine und schmeckt absolut neutral, sodass es sich vielseitig einsetzen lässt. Um Suppen und Saucen zu binden, kann man Guarkernmehl, Pfeilwurzelstärke oder Kuzu (Stärkepulver aus der japanischen Kuzu-Pflanze) einsetzen.

Speed-Cooking

Die Rezepte in diesem Buch sind ohnehin schon schnell gemacht. Doch hier kommen die besten Tipps und Tricks, die das Kochen und Einkaufen noch ein bisschen einfacher machen.

Supermarkt-Lauf

Schreiben Sie Ihren Einkaufszettel am besten in der Reihenfolge, wie die Produkte im Supermarkt angeordnet sind. Also mit Obst und Gemüse beginnen. Um Ihnen lästiges und zeitfressendes Supermarkt-Hopping zu ersparen, wenn ein gesuchtes Produkt nicht vorrätig ist, improvisieren Sie ruhig. Die weißen Bohnen in der Dose sind aus? Bestimmt schmecken im Rezept auch Kichererbsen. Spitzkohl ist gerade nicht vorrätig? Weißkohl tut es auch.

Einkaufen nach Label

Um vegetarisch einzukaufen, braucht man heute nicht mehr zwangsläufig den Weg ins Reformhaus oder in den Bioladen anzutreten. Viele Supermärkte und Discounter haben eine große Auswahl an vegetarischen Produkten und teilweise sogar eigene Veggie-Produkt-Linien. Es war also noch nie so einfach, sich mit passenden Lebensmitteln einzudecken.

Vegetarisch oder nicht?

Vegetarische Produkte im Supermarkt zu erkennen, ist manchmal gar nicht so einfach. Klar, überall wo Fleisch oder Fisch deutlich zu erkennen sind, greifen Vegetarier nicht zu. Aber hätten Sie gewusst, dass manche Käsesorten mithilfe von Tierlab hergestellt werden, das aus den Labmägen von Kälbern gewonnen wird? Parmesan, Grana Padano oder Gorgonzola enthalten es in der Regel. Eine Hartkäse-Alternative ist Montello, der mit mikrobiellem Lab hergestellt wird. Er ist jünger, milder und weniger kristallin als Parmesan, lässt sich aber nahezu äquivalent verwenden.

Kritisch sind daher auch Produkte, bei denen solche Käsesorten verwendet wurden: Pesto und Fertig-Pizzen zum Beispiel. Noch ein anderes Milchprodukt kann unerwartet weitere tierische Bestandteile enthalten: nämlich Joghurt. Gerade kalorienarme Varianten werden oft mit Gelatine versetzt, damit sie cremiger werden. Gelatine wird aus Haut, Knochen und Bindegewebe von Tieren gewonnen. Mit Gelatine sind häufig auch Cornflakes überzogen, vor allem jene mit Zuckerschicht.

Damit rote Konfitüre oder Süßigkeiten noch roter erscheinen, ist manchmal der Farbstoff Karmin (E 120) enthalten. Er wird aus weiblichen Schildläusen gewonnen.

Eine Orientierung, ob ein Produkt auch wirklich vollends tierfrei hergestellt wurde, ist das V-Label auf der Verpackung. Es ist ein international geschütztes Gütesiegel, das vegetarisch-vegane Lebensmittel aus dem Supermarkt und Discounter zertifiziert. Es wird vom Vegetarierbund Deutschland (VEBU) vergeben. Wer das V-Label auf der Verpackung sieht, kann also bedenkenlos zugreifen und muss nicht lange suchen.

Liefern lassen statt schleppen

Gemüse sollte immer möglichst frisch ver-zehrt werden. Je länger es liegt, desto mehr Vitalstoffe verliert es. Wer keine Zeit hat, alle paar Tage einkaufen zu gehen, kann sich Gemüse auch nach Hause bringen lassen. Das geht zum einen über die Lieferdienste der Supermärkte, zum anderen auch mit-hilfe von »Biokisten«. Das ist ein Gemüse-korb-Abo mit regionalen Landwirten oder Gemüsehändlern, die im gewünschten Zeit-abstand und zur bevorzugten Uhrzeit frische Produkte bis an die Haustür liefern.

Geschachtelt werkeln

Um möglichst zeitsparend zu kochen, ist es sinnvoll, die einzelnen Komponenten des Rezepts geschachtelt zuzubereiten. Während die Nudeln garen, kümmern Sie sich um die Sauce. Während das Gratin im Ofen über-backt, mischen Sie den Salat. Während die Suppe kocht, bereiten Sie das Topping zu.

Vorbereitung ist die halbe Miete! Klingt wie eine gut gemeinte Lebensweisheit von Oma, trifft aber aufs Kochen in jedem Fall zu. Wenn Sie für ein Rezept den Ofen benötigen, heizen Sie ihn am besten gleich vor, wenn Sie mit dem Kochen starten. Es sollen Nudeln oder Reis gekocht werden? Dann gleich den Topf mit Wasser aufsetzen. Denn ein Liter Wasser braucht im Topf 7–10 Minuten, bis er kocht; ohne Deckel übrigens noch länger. Schneller geht's, wenn Sie das Wasser im Wasserkocher auf-heizen und dann in den Topf umfüllen.

Ein wichtiger Schritt beim Kochen ist auch das sogenannte »Mise en Place«. Das bedeutet, dass alle Zutaten für das Re-zept griffbereit bereitgestellt sein sollten. Am besten schon fertig bemessen, abge-wogen und geschnippelt. So müssen Sie nicht mehr lange suchen oder hantieren, während im Topf schon die Zwiebeln anbrennen.

Praktische Küchenhelfer

Gute Küchenwerkzeuge sind das A und O für müheloses Kochen. Zwei beschich-tete Pfannen, einmal groß, einmal klein, gehören in die Basic-Ausstattung. Ebenso ein Stabmixer, der im Nu einsatzbereit ist und Suppen, Saucen und Co. rasch püriert. Gemüsehobel, Rohkostreiben und Knoblauchpresse kriegen das Gemüse klein. Ebenso unentbehrlich: gute, scharfe Messer. Damit geht das Schnippeln fast wie von selbst.

Rezepte

Snacks und Salate

Buddha Bowl
mit Falafel-Bällchen

🕐 30 Minuten | Für 4 Portionen

Für die Falafel
240 g Kichererbsen
  (aus der Dose)
1 Zwiebel
1 Eigelb (Größe M)
2 EL Weizenmehl Type 405
1 EL Paniermehl
Salz | frisch gemahlener
  schwarzer Pfeffer
Fett zum Frittieren

Für den Tahin-Joghurt
250 g Vollmilchjoghurt
1 ½ EL Tahin (Sesampaste)
1–2 EL Zitronensaft

Außerdem
150 g Rotkohl
1 große Karotte
½ Salatgurke | 1 Granatapfel
einige Blätter Römersalat

1. Für die Falafel Kichererbsen in einem Sieb abbrausen und abtropfen lassen. Zwiebel abziehen, grob hacken. Beides mit Eigelb, Mehl und Paniermehl pürieren, salzen und pfeffern. Mit angefeuchteten Händen etwa 20 Bällchen daraus formen. Bällchen portionsweise in erhitztem Frittierfett in 4–5 Minuten goldbraun ausbacken, herausnehmen, auf Küchenpapier abtropfen lassen.

2. Alle Zutaten für den Tahin-Joghurt verquirlen. Gemüse waschen, putzen und in dünne Streifen bzw. Scheiben schneiden oder hobeln. Granatapfel halbieren und Kerne herauslösen. Salatblätter abbrausen, trockentupfen und in 4 Schälchen verteilen. Gemüse, Granatapfelkerne, Falafel und Tahin-Joghurt darauf anrichten.

Variante Beerige Süßkartoffel-Buddha-Bowl

🕐 ± 0 Minuten
1 Süßkartoffel (ca. 500 g)
3 EL Olivenöl
je 100 g Him- und Blaubeeren

Backofen auf 200 °C (Ober-/Unterhitze) vorheizen. Süßkartoffel schälen, waschen und würfeln. Mit Salz, Pfeffer und Öl mischen und auf einem Backblech verteilen. Etwa 25 Minuten backen. Karotte und Gurke wie oben beschrieben vorbereiten. Beeren verlesen. Salatblätter in 4 Schälchen verteilen. Süßkartoffel-Würfel, Karotte, Gurke, Beeren und Tahin-Joghurt darauf anrichten.

Kräutersalat
mit Blutorangen und Mozzarella

🕐 15 Minuten | Für 4 Portionen

Für den Salat

50 g glatte Petersilie
25 g frischer Kerbel
je 15 g frischer Dill und
   Estragon, frisches Basilikum
   und frische Minze
1 rote Zwiebel
2 Blutorangen
2 Kugeln Mozzarella (à 125 g)

Für die Vinaigrette

1 EL flüssiger Honig
4 EL Olivenöl
4 EL Weißweinessig
Salz
frisch gemahlener weißer
   Pfeffer

1. Kräuter abbrausen, trockenschütteln, Blättchen abzupfen und im Ganzen belassen oder grob hacken. Zwiebel abziehen und in dünne Ringe schneiden. Orangen dick schälen und filetieren. Saft aus den Orangenresten drücken und auffangen. Mozzarella abgießen und Kugeln halbieren.

2. Aufgefangenen Orangensaft, Honig, Öl, Essig, Salz und Pfeffer zu einer Vinaigrette verquirlen. Kräuter, Zwiebel, Orangenfilets und Vinaigrette in 4 Schalen oder einer großen Platte anrichten. Auf dem Salat leicht aufgebrochen die halben Mozzarellakugeln anrichten. Dazu schmeckt Ciabatta.

Variante Kräutersalat mit Polenta-Ziegenkäse

🕐 ± 0 Minuten
1 Rolle Ziegenweichkäse
   (150 g)
2–3 EL Polenta
Öl zum Braten

Ziegenkäserolle in Scheiben schneiden. Polenta auf einem Teller verteilen und die Ziegenkäsetaler darin wenden. Diese in einer beschichteten Pfanne in erhitztem Öl je Seite 1–2 Minuten goldbraun braten. Salat und Vinaigrette wie oben beschrieben anrichten. Statt Mozzarella den Polenta-Ziegenkäse daraufsetzen.

Gemüse-Döner

mit Knobi-Joghurt

🕐 25 Minuten | Für 4 Portionen

Für den Knobi-Joghurt

2 Knoblauchzehen

300 g Vollmilchjoghurt

100 g saure Sahne

Salz

frisch gemahlener weißer
  Pfeffer

1 Spritzer Zitronensaft

Außerdem

2 rote Zwiebeln

2 grüne Spitzpaprikaschoten

1 kleiner Weißkohl (ca. 750 g)

Öl zum Braten

1 Fladenbrot (z. B. vom türki-
  schen Lebensmittelladen)

1. Backofen auf 200 °C (Ober-/Unterhitze) vor-heizen. Knoblauch abziehen und hacken. Mit Joghurt und saurer Sahne verrühren. Mit Salz, Pfeffer und Zitronensaft abschmecken.

2. Zwiebeln abziehen. Paprikaschoten putzen und waschen. Beides in Streifen schneiden. Kohl putzen, waschen und in feine Streifen schneiden oder hobeln.

3. Zwiebeln und Kohl in einer großen Pfanne in erhitztem Öl etwa 8 Minuten bei starker Temperatur braten. Mit Salz und Pfeffer würzen. Paprika zufügen und durchschwenken. Fladenbrot etwa 5 Minuten im Ofen aufbacken. Dann Brot vierteln und auf-, aber nicht durchschneiden und mit Gemüse und Knobi-Joghurt füllen.

Variante Gemüse-Döner mit Bohnen-Creme

🕐 ± 0 Minuten

3 Stängel Petersilie

2 Knoblauchzehen

200 g weiße Bohnen
  (aus der Dose)

100 g Artischockenherzen
  (Glas/Dose)

4–5 EL Olivenöl

Petersilie abbrausen, trockenschütteln, Blättchen abzupfen. Knoblauch abziehen. Beides mit Bohnen, Artischockenherzen, Olivenöl, Salz und Pfeffer cremig pürieren. Döner wie oben beschrieben vor-bereiten und mit Gemüse und Creme füllen.

Franzbrötchen
mit Olivenpesto

🕐 15 Minuten + 10 Minuten Backzeit | Für 12 Stück

Für das Olivenpesto

½ Bund Basilikum
170 g grüne Oliven ohne
   Stein (aus dem Glas)
50 g Mandelkerne ohne Haut
5 EL Orangensaft
2–3 EL Olivenöl
Salz
frisch gemahlener schwarzer
   Pfeffer

Für den Hefeteig

½ Würfel Hefe
50 g Zucker
250 ml lauwarme Vollmilch
1 Ei (Größe M)
100 g Rapskernöl
500 g Weizenmehl Type 550
1 Pck. Backpulver
Salz
Mehl für die Arbeitsfläche

1. Backofen auf 200 °C (Umluft) vorheizen. Basilikum abbrausen, trockenschütteln und Blättchen abzupfen. Mit Oliven, Mandelkernen, Orangensaft, Öl, Salz und Pfeffer zu Pesto mixen.

2. Hefe und Zucker in der Milch auflösen. Ei und Öl zufügen. Mehl, Backpulver und Salz mischen und ebenfalls dazugeben, zu einem geschmeidigen Teig kneten. Teig auf bemehlter Arbeitsfläche zu einem Rechteck (ca. 40 x 20 cm) ausrollen. Mit Pesto bestreichen. Von der langen Seite fest aufrollen und in etwa 12 Scheiben schneiden. Längs mit einem Kochlöffelstiel fest eindrücken. Brötchen auf zwei mit Backpapier belegte Backbleche legen und etwa 10 Minuten backen.

Variante Geschlungene Olivenpesto-Zöpfchen

🕐 ± 0 Minuten

Hefeteig wie oben beschrieben zubereiten und ausrollen, mit dem Pesto bestreichen. Rechteck in 4 Teile (à 10 x 20 cm) schneiden und diese jeweils wie eine Biskuitrolle aufwickeln. Jede dieser Teigrollen in 3 Teile schneiden, diese jeweils längs halbieren und immer zwei Stränge zu einem Zöpfchen schlingen. Wie oben beschrieben backen.

Sommersalat
mit Melone und Minzdressing

🕐 20 Minuten | Für 4 Portionen

Für das Dressing
200 g fettarmer Joghurt
2 EL heller Balsamico-Essig
4–5 EL Mineralwasser
Salz
frisch gemahlener weißer
  Pfeffer
½ Bund Minze

Für den Salat
100 g Mini-Mozzarella-
  Kugeln
600 g Wassermelone
2 reife Nektarinen
1 großer Pflücksalat
½ Bund Brunnenkresse

1. Für das Dressing Joghurt, Essig, Mineralwasser, Salz und Pfeffer glatt verrühren. Minze abbrausen, trockenschütteln und Blätter fein hacken. Unter den Joghurt rühren.

2. Mozzarella abtropfen lassen. Melone in Spalten schneiden, entkernen und das Fruchtfleisch von der Schale schneiden, dann in Stücke schneiden. Nektarinen waschen, halbieren, entsteinen und in schmale Spalten schneiden.

3. Pflücksalat und Brunnenkresse putzen, waschen und trockenschleudern. Pflücksalat in grobe Stücke zupfen. Alle vorbereiteten Salatzutaten mischen, auf Teller geben und mit dem Dressing beträufeln.

Variante Sommersalat mit Holunderblüten-Vinaigrette

🕐 ± 0 Minuten
1 TL mittelscharfer Senf
1 TL flüssiger Honig
1–2 EL Holunderblütensirup
3 EL heller Balsamico-Essig
5 EL Olivenöl
500 g kleine Erdbeeren

Senf, Honig, Sirup, Essig, Öl, Salz und Pfeffer zu einer Vinaigrette verrühren. Erdbeeren abbrausen und putzen. Pflücksalat, Brunnenkresse, Mini-Mozzarella-Kugeln und Vinaigrette wie oben beschrieben anrichten. Erdbeeren statt Wassermelone und Nektarine verwenden.

Lunch-Salat
mit Gnocchi und Spargel

🕐 15 Minuten | Für 4 Portionen

Für den Salat

500 g grüner Spargel
Salz
300 g frische Gnocchi
  (Kühlregal)
1 Kopf Radicchio
1 Friséesalat

Für die Orangencreme

1 unbehandelte Orange
100 g Salatcreme
150 g Vollmilchjoghurt
1 TL mittelscharfer Senf
Salz
frisch gemahlener weißer
  Pfeffer

1. Spargel waschen, im unteren Drittel schälen und holzige Enden abschneiden. Stangen in Stücke schneiden und in kochendem Salzwasser etwa 7 Minuten garen. Abgießen, abschrecken und abtropfen lassen. Gnocchi in siedendes Salzwasser geben, Temperatur reduzieren, etwa 2 Minuten ziehen lassen, abgießen und abtropfen lassen.

2. Salate putzen, waschen, trockenschleudern, in Blätter teilen und abtropfen lassen. Orange heiß abbrausen, trockentupfen und Schale abreiben. Frucht halbieren und auspressen. Salatcreme, Joghurt, Orangensaft, Orangenschale, Senf, Salz und Pfeffer verrühren. Spargel, Gnocchi und beide Salate mit der Orangencreme anrichten. Nach Wunsch mit Pfeffer übermahlen.

Variante Lunch-Salat »Italian Style«

🕐 ± 0 Minuten

75 g Rucola
3 TL Radieschensprossen
200 g Kirschtomaten
40 g Parmesan oder Montello
1 unbehandelte Zitrone

Rucola und Sprossen verlesen, waschen und abtropfen lassen. Tomaten waschen und halbieren. Käse in Späne hobeln. Zitrone heiß abbrausen, trockentupfen und Schale abreiben. Frucht halbieren und auspressen. Mit Zitronenabrieb und -saft wie oben beschrieben eine Creme herstellen. Gnocchi garen, abtropfen lassen und mit Rucola, Sprossen, Tomaten, Zitronencreme und Parmesan anrichten.

Bohnen-Wrap
mit Ajvar-Creme

🕐 30 Minuten | Für 4 Portionen

400 g weiße Riesenbohnen
  (aus der Dose)
2 EL Olivenöl
1 TL grobes Meersalz
1 TL Ras el Hanout
  (nordafrikan. Gewürz-
  mischung; alternativ
  Kreuzkümmelpulver)
300 g Doppelrahmfrischkäse
100 g Ajvar
Salz
frisch gemahlener weißer
  Pfeffer
4 Frühlingszwiebeln
einige Blätter Pflücksalat
4 Tortilla-Weizenfladen

1. Backofen auf 180 °C (Ober-/Unterhitze) vorheizen. Bohnen in einem Sieb abbrausen und abtropfen
lassen. Olivenöl, Salz und Ras el Hanout verrühren,
Bohnen untermischen. Dann auf einem mit Backpapier belegten Blech verteilen. Im Ofen etwa
20 Minuten rösten. Nach der Hälfte der Backzeit
wenden. Herausnehmen und abkühlen lassen.

2. Frischkäse, Ajvar, Salz und Pfeffer glatt verrühren.
Frühlingszwiebeln putzen, waschen und in dünne
Ringe schneiden. Salat waschen, trockenschleudern. Tortillas in einer großen, heißen Pfanne etwa
2 Minuten unter Wenden anrösten. Mit Ajvar-Creme
bestreichen und mit Salat, Frühlingszwiebeln und
Bohnen belegen, dabei ringsum einen etwa 3 cm
breiten Rand lassen. Linken und rechten Rand zur
Mitte klappen. Wrap aufrollen und schräg halbieren.

Variante Halloumi-Wrap mit Ajvar-Creme

🕐 ± 0 Minuten
250 g Halloumi
  (zypriotischer Grill-Käse)
Öl zum Braten
100 g Salatgurke

Halloumi in Streifen schneiden und in einer Grill-
pfanne in erhitztem Öl anbraten. Gurke waschen,
putzen und in Stifte schneiden. Tortillas wie oben
beschrieben erwärmen. Mit Ajvar-Creme bestreichen
und mit Salat, Frühlingszwiebeln, Halloumi und
Gurke belegen. Wrap aufrollen und halbieren.

Tipp Eventuell übrig bleibende Mayonnaise anderweitig verwenden, z. B. als Dip zu Rohkost.

Batate-Pommes
mit Safran-Aioli

🕐 30 Minuten | Für 4 Portionen

Für die Safran-Aioli
1 frisches Eigelb (Größe M)
Salz
1 TL mittelscharfer Senf
250 ml Sonnenblumenöl
2 Knoblauchzehen
1 Msp. Safranpulver
eventuell 3–4 EL Milch

Für die Batate-Pommes
2 Süßkartoffeln (à ca. 500 g)
120 g Speisestärke
175 ml Mineralwasser | Salz
½ TL granulierter Knoblauch
1 TL edelsüßes Paprikapulver
Öl oder Fett zum Frittieren

1. Für die Aioli Eigelb, Salz und Senf dickschaumig schlagen. Öl nach und nach unterschlagen, bis eine dickliche Masse entstanden ist. Knoblauch abziehen, dazupressen und mit Safran sowie eventuell Milch unter die Aioli rühren.

2. Süßkartoffeln schälen und in Stifte schneiden. Abbrausen und trockentupfen. Stärke mit Mineralwasser glatt verrühren. Süßkartoffel-Sticks portionsweise durch das Stärkewasser ziehen, abtropfen lassen.

3. Süßkartoffel-Sticks portionsweise in erhitztem Frittierfett in etwa 7 Minuten goldbraun frittieren. 1 TL Salz, granulierten Knoblauch und Paprikapulver in einer großen Schüssel mischen. Frittierte Pommes darin wenden. Safran-Aioli dazu servieren.

Variante Kürbis-Wedges mit Ras-el-Hanout-Mayo

🕐 – 5 Minuten
1 kg Hokkaido-Kürbis
3–4 EL Olivenöl
½–1 TL Ras el Hanout

1. Backofen auf 250 °C (Ober-/Unterhitze) vorheizen. Kürbis halbieren, entkernen und in dünne Spalten schneiden. Öl mit 1 TL Salz, granuliertem Knoblauch und Paprikapulver in einer großen Schüssel verrühren. Kürbisspalten darin wenden. Auf ein mit Backpapier belegtes Backblech legen und auf der obersten Schiene etwa 15 Minuten backen, bis die Wedges gebräunt und knusprig sind.

2. Inzwischen Mayonnaise wie oben beschrieben anrühren, dabei jedoch Ras el Hanout statt Knoblauch und Safran unterrühren. Mayo zu den Wedges servieren.

Pan-Pizza

à la Caprese

⏱ 25 Minuten | Für 2 Portionen

3 EL Tomatenmark
Salz
frisch gemahlener schwarzer
  Pfeffer
3 Tomaten
1 Kugel Büffel-Mozzarella
  (125 g)
1 EL Olivenöl
1 Pck. Pizzateig (280 g;
  ca. 32 cm Ø; Kühlregal)
getrockneter Oregano

Backofen auf 220 °C (Ober-/Unterhitze) vorheizen. Tomatenmark mit Salz und Pfeffer verrühren. Tomaten waschen und in Scheiben schneiden. Mozzarella abtropfen lassen und ebenfalls in Scheiben schneiden. Eine kalte ofenfeste Pfanne (28 cm Ø) gleichmäßig mit dem Öl einstreichen, Teig entrollen und ohne Backpapier in die Form legen. Teig mit Tomatenmark bestreichen und mit Tomaten- und Mozzarellascheiben belegen. Mit Oregano bestreuen. Zuerst auf dem Herd bei mittlerer Temperatur 3–4 Minuten braten, dann im Ofen in etwa 15 Minuten fertig backen. Nach Wunsch mit Basilikum garniert servieren.

Variante Tex-Mex-Pan-Pizza

⏱ ± 0 Minuten
100 g Gouda
265 g Texas Mix
  (Mais, Kidneybohnen
  und Paprika; Dose)

Teig wie oben beschrieben in eine Pfanne legen, mit gewürztem Tomatenmark bestreichen. Gouda fein reiben und mit Texas Mix sowie Oregano darauf verteilen. Zuerst auf dem Herd braten, dann im Ofen fertig backen.

Cupcakes

mit Brokkoli-Überraschung

🕐 30 Minuten | Für 8 Stück

½ Brokkoli (ca. 200 g)
Salz
200 g Weizenvollkornmehl
1 Pck. Weinstein-Backpulver
1 TL Kurkumapulver
½ TL granulierter Knoblauch
frisch gemahlener weißer
 Pfeffer
2 Eier (Größe M)
100 g Vollmilchjoghurt
100 ml Vollmilch

1. Backofen auf 175 °C (Ober-/Unterhitze) vorheizen. Vom Brokkoli 8 schöne Röschen abschneiden
(Rest anderweitig verwenden), waschen und in
kochendem Salzwasser etwa 3 Minuten garen.
Abgießen, kalt abschrecken und abtropfen lassen.

2. Mehl, Backpulver, Kurkuma, Knoblauch, Salz und
Pfeffer mischen. Eier, Joghurt und Milch verquirlen.
Mehlmischung kurz unterrühren. Je 1 EL Teig in 8 ge-
fettete oder mit Papierförmchen ausgelegte Mulden
einer Muffinform füllen, je 1 Brokkoliröschen hinein-
stecken. Rest Teig darauf verteilen. Etwa 20 Minuten
backen. Herausnehmen, kurz ruhen lassen, aus den
Mulden heben. Dazu schmeckt Kräuterquark.

Variante Cupcakes mit Blumenkohl-Überraschung

🕐 ± 0 Minuten
½ kleiner Blumenkohl
100 ml Rote-Bete-Saft

Vom Blumenkohl 8 schöne Röschen abschneiden
(Rest anderweitig verwenden), waschen und in
kochendem Salzwasser etwa 4 Minuten garen.
Abgießen, kalt abschrecken und abtropfen lassen.
Teig wie oben beschrieben anrühren, dabei die
Kurkuma weglassen und statt Milch den Rote-
Bete-Saft einrühren. Teig mit den Blumenkohl-
röschen in die Muffinmulden füllen und backen.

Suppen und Eintöpfe

Hot Tomato Soup
mit Thymian-Ciabatta

🕐 25 Minuten | Für 4 Portionen

1 Zwiebel
1 Knoblauchzehe
1 Chilischote
1 EL Olivenöl
1 Dose ganze Tomaten
  (850 ml)
ca. 250 ml Gemüsebrühe
Saft und Schale von
  1 unbehandelten Orange
Salz
frisch gemahlener schwarzer
  Pfeffer
1 Ciabatta
40 g Parmesan oder Montello
1 TL getrockneter Thymian
100 g Kirschtomaten

1. Zwiebel und Knoblauch abziehen und würfeln. Chilischote abbrausen, putzen und ebenfalls würfeln. Öl in einem großen Topf erhitzen, alles darin anschwitzen. Dosentomaten, Brühe, Orangensaft, -schale, Salz und Pfeffer zugeben und etwa 15 Minuten köcheln lassen. Suppe mit dem Stabmixer pürieren.

2. Backofengrill vorheizen. Brot in dünne Scheiben schneiden. Parmesan reiben, mit dem Thymian auf die Brote streuen, diese auf ein mit Backpapier belegtes Blech setzen und kurz unter dem Backofengrill rösten. Suppe anrichten. Kirschtomaten waschen, halbieren und daraufgeben. Brote dazu servieren.

Variante Kürbis-Tomaten-Suppe mit Majoran-Ciabatta

🕐 + 5 Minuten
½ Hokkaido-Kürbis
  (ca. 500 g)
1 Dose stückige Tomaten
  (400 g)
ca. 500 ml Gemüsebrühe
1 TL getrockneter Majoran

Für die Suppe Kürbis waschen, vierteln und entkernen. Das Fruchtfleisch samt Schale klein schneiden. Zwiebel-, Knoblauch-, Chili- und Kürbiswürfel wie oben beschrieben anschwitzen. Mit stückigen Tomaten und Brühe ablöschen. Salzen, pfeffern und etwa 20 Minuten köcheln lassen, pürieren. Brote wie oben beschrieben zubereiten und backen, dabei aber statt Thymian Majoran verwenden (Kirschtomaten weglassen).

Tipp Die Suppe vor dem Servieren am besten im Kühlschrank durchkühlen lassen. Dann schmeckt sie besonders erfrischend.

Gurkenkaltschale
mit Buttermilch

🕐 10 Minuten | Für 4 Portionen

1 kleine Salatgurke
  (ca. 300 g)
1 Bund Basilikum
100 g Feldsalat
2 EL Olivenöl
500 g kalte Buttermilch
1–2 TL Zucker
Salz
frisch gemahlener weißer
  Pfeffer

Gurke schälen, putzen und würfeln. Basilikum abbrausen, trockenschütteln und Blättchen abzupfen. Feldsalat verlesen, putzen, waschen und trockenschleudern. Alles mit Olivenöl, Buttermilch, 100 ml Wasser, Zucker, Salz und Pfeffer pürieren. Nach Wunsch mit Gurkenwürfelchen und Basilikum garniert anrichten. Dazu schmeckt knuspriges Bauernbrot.

Variante Kalte Erbsen-Minz-Suppe

🕐 + 10 Minuten
+ 30 Minuten Kühlzeit
1 Zwiebel
300 g TK-Erbsen
250 ml Gemüsebrühe
½ Bund Minze
500 g kalter Kefir

1. Zwiebel abziehen, würfeln und in einem Topf im erhitzten Olivenöl anschwitzen. Erbsen kurz mit anschwitzen. Gemüsebrühe angießen und 8–10 Minuten köcheln lassen. Suppe pürieren, umfüllen und etwa 30 Minuten auskühlen lassen.

2. Minze abbrausen, trockenschütteln und Blättchen abzupfen. Mit Kefir in die Suppe geben und diese pürieren. Nach Wunsch mit Minze garniert anrichten.

Kartoffelsuppe
mit Röstzwiebeln und Cranberrys

🕐 30 Minuten | Für 4 Portionen

Für die Röstzwiebeln

1 große Zwiebel
Salz
1 TL Zucker
2 EL Weizenmehl Type 405
Öl zum Braten

Für die Suppe

600 g mehligkochende
  Kartoffeln
1 Stange Lauch
2 EL Butter
ca. 850 ml Gemüsebrühe
Salz
frisch gemahlener weißer
  Pfeffer
frisch geriebene Muskatnuss
2 EL Soft-Cranberrys
  (alternativ getrocknete
  Cranberrys)

1. Zwiebel abziehen, halbieren, in Scheiben schneiden und in eine Schüssel geben. Mit 1 TL Salz und Zucker bestreuen. Schale mit einem Teller abdecken, schütteln und etwa 2 Minuten ziehen lassen. Dann Mehl darüberstäuben und nochmals schütteln, sodass sich das Mehl gut verteilt. In heißem Öl in einer Pfanne bei starker Temperatur und unter häufigem Wenden zu knusprigen Röstzwiebeln braten.

2. Für die Suppe Kartoffeln schälen, waschen und klein schneiden. Lauch putzen, waschen und in grobe Stücke schneiden. Beides in einem großen Topf in der erhitzten Butter anschwitzen. Mit Gemüsebrühe ablöschen und 20 Minuten köcheln lassen. Mit einem Stabmixer pürieren. Mit Salz, Pfeffer und Muskat abschmecken. Cranberrys grob hacken und zusammen mit den Röstzwiebeln auf der Suppe anrichten.

Variante Wurzelmix-Cremesuppe mit Sellerie-Topping

🕐 ± 0 Minuten
200 g Pastinaken
200 g Petersilienwurzeln
200 g mehligkochende
  Kartoffeln
1 Stange Staudensellerie

Pastinaken, Petersilienwurzeln und Kartoffeln schälen, waschen und klein schneiden. Alles mit Lauchstücken wie oben beschrieben in der Butter anschwitzen, mit Brühe ablöschen und köcheln lassen. Dann pürieren und abschmecken. Staudensellerie putzen, waschen, fein würfeln und in einer Pfanne ohne Fettzugabe anrösten. Suppe damit anrichten und nach Wunsch mit gehackter Petersilie bestreuen.

Bohnentopf
nach italienischer Art

🕐 30 Minuten | Für 4 Portionen

250 g große weiße Bohnen
  (aus der Dose)
265 g Tigerbohnen
  (aus der Dose; alternativ
  weiße Bohnen)
300 g grüne Bohnen
1 Zwiebel
2 Knoblauchzehen
2 rote Paprikaschoten
2 EL Olivenöl
1 l Gemüsebrühe
getrockneter Majoran
Salz
frisch gemahlener schwarzer
  Pfeffer
20 g Parmesan oder Montello

1. Bohnen aus der Dose in einem Sieb abbrausen und abtropfen lassen. Grüne Bohnen putzen, waschen und schräg in Stücke schneiden. Zwiebel und Knoblauch abziehen. Paprikaschoten putzen und waschen. Zwiebel, Knoblauch und Paprika sehr fein würfeln, in einem großen Topf im erhitzten Öl anschwitzen.

2. Alle Bohnen zufügen. Mit Brühe ablöschen und aufkochen. Majoran einrühren. Zugedeckt etwa 15 Minuten köcheln lassen. Mit Salz und Pfeffer abschmecken. Suppe in Schälchen geben, Parmesan reiben und auf die Suppe streuen.

Variante Orientalischer Kichererbsentopf

🕐 ± 0 Minuten
240 g Kichererbsen
  (aus der Dose)
1 Stange Lauch
½–1 TL Kreuzkümmelpulver
4 EL Crème fraîche
1 TL Schwarzkümmelsamen

Kichererbsen in einem Sieb abbrausen und abtropfen lassen. Lauch putzen, waschen und in dünne Ringe schneiden. Grüne Bohnen, Zwiebel, Knoblauch und Paprika wie oben beschrieben klein schneiden und anschwitzen. Lauch zufügen und mitbraten. Mit Kreuzkümmel bestäuben. Brühe angießen. Kichererbsen zufügen und 15 Minuten köcheln lassen. Abschmecken. Mit Crème fraîche und Schwarzkümmel garniert anrichten.

Asia-Nudelsuppe
mit Udon-Nudeln vegan

🕐 30 Minuten | Für 4 Portionen

300 g Karotten
250 g Zuckerschoten
3 Stangen Staudensellerie
1 rote Chilischote
1 walnussgroßes Stück
  Ingwer
2 Stängel Zitronengras
2 EL neutrales Öl
1 EL Currypulver
1,2 l Gemüsebrühe
200 g Udon-Weizennudeln
Sojasauce
Saft von ½ Limette
frisch gemahlener weißer
  Pfeffer

1. Karotten schälen, putzen und in Scheiben schneiden. Zuckerschoten putzen, waschen und halbieren. Staudensellerie waschen, putzen und in Scheiben schneiden. Chilischote abbrausen, putzen und fein hacken. Ingwer schälen und fein hacken. Zitronengras waschen, längs halbieren und mit einem Messer etwas flach drücken.

2. Gemüse, Chili und Ingwer in einem großen Topf im erhitzten Öl anschwitzen. Mit Currypulver bestäuben. Brühe und Zitronengras zufügen und aufkochen lassen. Udon-Nudeln zufügen, etwa 15 Minuten köcheln lassen. Zitronengras herausnehmen. Suppe mit Sojasauce, Limettensaft und Pfeffer abschmecken. Nach Wunsch mit frischem Koriander garnieren.

Variante Asia-Suppe mit Glasnudeln vegan

🕐 – 5 Minuten
200 g Shiitake-Pilze
2 Mini-Pakchoi (à ca. 80 g)
125 g Glasnudeln

Karotten, Chilischote, Ingwer und Zitronengras wie oben beschrieben vorbereiten. Pilze putzen, feucht abreiben und in Scheiben schneiden. Pakchoi putzen, waschen und klein schneiden. Gemüse und Gewürze im erhitzten Öl anschwitzen. Brühe angießen, alles etwa 10 Minuten köcheln lassen. Glasnudeln in siedendem Wasser 3–4 Minuten ziehen lassen. Eventuell zerschneiden, dann in die Suppe geben. Abschmecken und anrichten.

Spargelsüppchen
mit Erdbeeren

🕐 20 Minuten | Für 4 Portionen

500 g grüner Spargel
125 g Zuckerschoten
1 Zwiebel
2 EL neutrales Öl
600 ml Gemüsebrühe
1 Handvoll o. Bund
  Brunnenkresse (alternativ
  1 Beet Gartenkresse)
200 g süße Sahne
Salz
frisch gemahlener weißer
  Pfeffer
1 Prise Zucker
8 kleine Erdbeeren

1. Spargel waschen, holzige Enden abschneiden und Stangen in Stücke schneiden. Einige Spitzen beiseite legen. Zuckerschoten putzen und halbieren. Zwiebel abziehen, würfeln und in einem Topf in 1 EL erhitztem Öl anschwitzen. Spargel und Zuckerschoten zugeben und mit anschwitzen. Mit Brühe ablöschen und etwa 10 Minuten köcheln lassen.

2. Inzwischen Spargelspitzen längs halbieren und im übrigen erhitzten Öl anbraten. Brunnenkresse abbrausen, trockenschleudern (Gartenkresse vom Beet schneiden). Sahne und Kresse zur Suppe geben und fein pürieren. Mit Salz, Pfeffer und Zucker abschmecken. Erdbeeren abbrausen, putzen und halbieren. Suppe mit Erdbeeren und Spargel anrichten.

Variante Spargel-Kokos-Suppe

🕐 – 5 Minuten
500 g weißer Spargel
1 Stange Lauch
1 Dose Kokosmilch (400 ml)
2 TL Speisestärke

Spargel waschen, schälen, holzige Enden abschneiden. Stangen in Stücke schneiden. Lauch putzen, waschen und in dünne Ringe schneiden. Lauch im erhitzten Öl anbraten, Spargelstücke zufügen. Mit Gemüsebrühe und Kokosmilch (statt Sahne) ablöschen und etwa 8 Minuten köcheln lassen. Stärke mit 1 EL kaltem Wasser anrühren, in die Suppe rühren und 2 Minuten weiterköcheln. Abschmecken.

Blitz-Borschtsch
mit Crème-fraîche-Haube

🕐 25 Minuten | Für 4 Portionen

500 g Kartoffeln
½ Weißkohl (ca. 400 g)
1 rote Zwiebel
2 EL neutrales Öl
ca. 1 l Gemüsebrühe
2 Knollen vorgegarte
  Rote Bete (ca. 250 g)
Salz
frisch gemahlener schwarzer
  Pfeffer
2 EL Rotweinessig
125 g Crème fraîche

1. Kartoffeln schälen, waschen und klein schneiden. Kohl putzen, waschen und fein schneiden. Zwiebel abziehen und würfeln. Alles in einem großen Topf im erhitzten Öl kräftig anschwitzen. Mit Brühe ablöschen, aufkochen und etwa 15 Minuten köcheln lassen.

2. Rote Bete würfeln. Zum Eintopf geben, noch 2–3 Minuten garen. Mit Salz, Pfeffer und Essig abschmecken. Borschtsch mit Crème fraîche und nach Wunsch mit Schnittlauchröllchen anrichten. Dazu schmeckt kräftiges Roggenbrot.

Variante Rote-Bete-Suppe mit Pumpernickel-Croûtons

🕐 – 10 Minuten
4–5 Knollen vorgegarte
  Rote Bete (500 g)
500 ml Gemüsebrühe
200 g Pumpernickel
3–4 EL Butter
½ TL Zimtpulver

Zwiebel abziehen, würfeln und in einem Topf im erhitzten Öl anschwitzen. Rote Bete würfeln und dazugeben. Mit Brühe ablöschen und 5 Minuten köcheln lassen. Mit dem Stabmixer pürieren und mit Salz, Pfeffer und Essig abschmecken. Pumpernickel grob zerbröseln und in der erhitzten Butter anrösten, mit Zimtpulver bestäuben. Suppe in Teller geben, mit Bröseln, Crème fraîche und nach Wunsch mit Schnittlauchröllchen garnieren.

Sauerkraut-Topf
zum Sattessen

🕐 30 Minuten | Für 4 Portionen

1 Gemüsezwiebel

500 g festkochende
  Kartoffeln

3 Paprikaschoten
  (z. B. grün, gelb und rot)

2 EL neutrales Öl

1 l Gemüsebrühe

1 Dose Sauerkraut (850 ml)

3 Pimentkörner

3 Gewürznelken

edelsüßes Paprikapulver

Salz

frisch gemahlener schwarzer
  Pfeffer

200 g Kirschtomaten

Petersilie, gehackt,
  zum Garnieren

1. Zwiebel abziehen und würfeln. Kartoffeln schälen, waschen und ebenfalls würfeln. Paprikaschoten putzen und in Streifen schneiden. Alles in einem großen Topf im erhitzten Öl anschwitzen.

2. Dann mit Brühe ablöschen. Sauerkraut abtropfen lassen, hacken und mit den Gewürzen in den Topf geben, aufkochen und etwa 20 Minuten köcheln lassen. Tomaten waschen, halbieren und 3 Minuten vor Ende der Garzeit in den Topf geben. Sauerkraut-Topf in Teller geben und nach Wunsch mit Petersilie bestreut servieren.

Variante Sauerkrautcremesuppe mit Kürbis vegan

🕐 ± 0 Minuten

800 g süßsauer eingelegter
  Kürbis (aus dem Glas)

200 g festkochende
  Kartoffeln

Kürbiskerne zum Garnieren

Kürbis gut abtropfen lassen. Kartoffeln schälen, waschen und klein schneiden. Beides mit den Zwiebelwürfeln im erhitzten Öl anschwitzen. Brühe angießen und mit Salz, Pfeffer und Paprikapulver würzen. 10 Minuten köcheln lassen. Suppe fein pürieren. Sauerkraut abtropfen lassen, grob hacken, in die Suppe geben und diese noch 8–10 Minuten köcheln lassen. Mit Kürbiskernen bestreut anrichten.

Topinambur-Suppe
mit Kaffeeöl und Kräuter-Topping

🕐 30 Minuten | Für 4 Portionen

Für das Kaffeeöl

60 ml neutrales Öl
20 Kaffeebohnen

Für die Suppe

500 g Topinambur
2 Kartoffeln (à ca. 100 g)
1 Zwiebel
1–2 EL Butter
ca. 1 l Gemüsebrühe
Salz
frisch gemahlener weißer
  Pfeffer
1 Handvoll Wildkräuter
  (z. B. Borretsch, Brunnenkresse, Löwenzahn,
  Sauerampfer; alternativ
  Gartenkräuter)

1. Öl und Kaffeebohnen in einem kleinen Topf auf 80–100 °C erhitzen, beiseite stellen und etwa 20 Minuten ziehen lassen.

2. Inzwischen Topinambur und Kartoffeln schälen, waschen und in Stücke schneiden. Zwiebel abziehen und würfeln. Alles in einem großen Topf in der erhitzten Butter anschwitzen. Mit Brühe ablöschen und 20 Minuten köcheln lassen. Suppe pürieren und mit Salz und Pfeffer abschmecken.

3. Kaffeeöl absieben. Kräuter verlesen, abbrausen, trockenschütteln und ggf. klein schneiden. Suppe mit Kaffeeöl und Wildkräutern anrichten.

Variante Petersilienwurzel-Apfel-Suppe

🕐 ± 0 Minuten

350 g Petersilienwurzeln
1 Apfel

Petersilienwurzeln schälen, waschen und klein schneiden. Apfel schälen, vierteln, entkernen und in Stücke schneiden. Kartoffeln und Zwiebeln wie oben beschrieben vorbereiten. Petersilienwurzeln, Apfel, Kartoffeln und Zwiebel in der erhitzten Butter anschwitzen, mit Brühe ablöschen und etwa 20 Minuten köcheln lassen. Pürieren, abschmecken und mit Kaffeeöl und Wildkräutern anrichten.

Kartoffeln, Gemüse & Hülsenfrüchte

Antipastisalat
mit Parmesan

🕐 30 Minuten | Für 4 Portionen

600 g Kartoffeln
3 EL Olivenöl
1 Gemüsezwiebel
2 Paprikaschoten
  (z. B. grün und rot)
500 g Fleischtomaten
Salz
frisch gemahlener schwarzer
  Pfeffer
1 Prise Zucker
1–2 EL heller Balsamico-Essig
2 EL Pinienkerne
2 EL Parmesan- oder
  Montello-Späne

1. Kartoffeln schälen, waschen, fein würfeln und in einer großen Pfanne im erhitzten Öl etwa 15 Minuten anbraten, dabei öfter wenden. Inzwischen Zwiebel abziehen und in Streifen schneiden. Paprikaschoten putzen, waschen und in Streifen schneiden. Tomaten kreuzweise einritzen, kurz in kochendes Wasser tauchen, häuten und in grobe Stücke schneiden.

2. Zwiebel und Paprika zu den Kartoffeln geben und 5 Minuten mitbraten. Zuletzt Tomaten unterheben. Alles mit Salz, Pfeffer, Zucker und Essig abschmecken. Salat lauwarm mit Pinienkernen und Käsespänen bestreut servieren. Dazu schmeckt Ciabatta.

Variante Antipastisalat mit Ziegenkäse

🕐 ± 0 Minuten
200 g Champignons
2 Zucchini
200 g Ziegenfrischkäse

Kartoffeln, Gemüsezwiebel und Tomaten wie oben beschrieben vorbereiten. Kartoffeln anbraten. Inzwischen Pilze putzen, feucht abreiben und halbieren oder vierteln. Zucchini waschen, putzen, längs halbieren und in Stücke schneiden. Zwiebel, Pilze und Zucchini zu den Kartoffeln geben und mitbraten, zum Schluss Tomatenstücke unterheben. Abschmecken. Mit Pinienkernen und zerbröckeltem Ziegenfrischkäse bestreut servieren.

Creamy Zoodles
aus Zucchini

 20 Minuten | Für 2 Portionen

2 mittelgroße Zucchini
2 Knoblauchzehen
1 TL Butter
100 g Doppelrahmfrischkäse
ca. 100 ml Milch
25 g geriebener Parmesan
  oder Montello
Salz
frisch gemahlener weißer
  Pfeffer
150 g Kirschtomaten

Zucchini waschen und putzen. Mit einem Spiral-schneider zu Spaghetti schneiden (alternativ mit dem Messer in lange, sehr dünne Streifen schneiden). Knoblauch abziehen, fein hacken und in der erhitzten Butter anschwitzen. Frischkäse mit Milch einrüh-ren und schmelzen lassen. Dann Zucchini-Nudeln unterrühren und kurz erwärmen. Zum Schluss den geriebenen Parmesan unterheben und alles salzen und pfeffern. Kirschtomaten waschen und halbieren. Parmesan-Zoodles mit Tomatenhälften und nach Wunsch mit Basilikum garnieren.

Variante Zoodles mit Avocado-Minz-Creme

 ± 0 Minuten

2 Avocados
½ Bund Minze
4 EL Olivenöl
2 EL Limettensaft

Zucchini wie oben beschrieben zu Zoodles schnei-den. Kurz in siedendem Salzwasser blanchieren und abgießen. Avocados halbieren, Kern entfernen und Fruchtfleisch aus der Schale lösen. Minze abbrausen, trockenschütteln und Blättchen abzupfen. Avocado, Minzblättchen, Olivenöl, Limettensaft, Salz und Pfef-fer fein pürieren. Creme mit den Zoodles mischen und nach Wunsch mit Minze bestreut anrichten.

Spinat-Rösti
mit Gorgonzola-Dip

🕐 20 Minuten | Für 2 Portionen

Für den Gorgonzola-Dip

75 g Gorgonzola
75 g Crème fraîche
Salz
frisch gemahlener weißer
  Pfeffer

Für die Spinat-Rösti

50 g junger Spinat
2 kleine Karotten
2 EL Weizenmehl Type 405
2 Eier (Größe M)
Salz
frisch gemahlener schwarzer
  Pfeffer
Öl zum Braten

1. Für den Dip Gorgonzola mit einer Gabel zerdrücken und mit Crème fraîche glatt verrühren. Mit Salz und Pfeffer würzen.

2. Für die Rösti Spinat verlesen, waschen und gut trockenschleudern. Grob hacken. Karotten schälen, putzen und grob reiben. Mehl, Eier, Salz und Pfeffer verrühren. Spinat und Karotten unterheben.

3. Öl in einer großen Pfanne erhitzen. Portionsweise darin bei mittlerer Temperatur etwa 8 Rösti von jeder Seite 2–3 Minuten braten. Dip dazu servieren.

Variante Mangold-Rösti mit Sesam-Kräuter-Dip

🕐 + 5 Minuten

1 EL Sesamsaat
2 Stängel Dill
125 g griechischer Joghurt
  (10 % Fett)
25 g Tahin (Sesampaste)
Tabasco
Zitronensaft
4 Stiele Mangold

Sesam in einer Pfanne ohne Fett anrösten, herausnehmen und auskühlen lassen. Dill abbrausen, trockenschütteln und hacken. Joghurt und Tahin verrühren. Sesam und Dill unterheben. Mit Tabasco, Zitronensaft, Salz und Pfeffer abschmecken. Mangold putzen, waschen, in feine Streifen schneiden. Anstelle des Spinats wie oben beschrieben in die Rösti-Masse rühren und diese zu Rösti braten. Mit dem Sesam-Kräuter-Dip servieren.

Kartoffelpfanne
à la Provence

🕐 30 Minuten | Für 4 Portionen

Für die Kartoffelpfanne

750 g kleine neue Kartoffeln
3 EL Olivenöl
2 rote Paprikaschoten
2 Fenchelknollen
Salz
frisch gemahlener schwarzer
  Pfeffer
je 50 g grüne und schwarze
  Oliven

Für die Knoblauchcreme

1 Knoblauchzehe
150 g Vollmilchjoghurt
100 g Salatcreme
Salz
frisch gemahlener weißer
  Pfeffer

1. Kartoffeln gut waschen, trockentupfen und halbieren. In einer großen Pfanne im erhitzten Öl unter häufigem Wenden etwa 25 Minuten braten.

2. Paprikaschoten putzen, waschen und in Streifen schneiden. Fenchel putzen, das zarte Grün aufheben. Fenchel waschen, längs in dünne Scheiben schneiden. Paprika und Fenchel 10 Minuten vor Ende der Garzeit zu den Kartoffeln geben und mitbraten. Mit Salz und Pfeffer würzen. Oliven unterheben.

3. Für die Creme Knoblauch abziehen und durchpressen. Mit Joghurt und Salatcreme verrühren. Mit Salz und Pfeffer abschmecken, zu der Pfanne servieren. Mit Fenchelgrün bestreuen.

Variante Texas-Kartoffel-Pfanne

🕐 ± 0 Minuten

140 g Gemüsemais
  (aus der Dose)
125 g Kidneybohnen
  (aus der Dose)

Kartoffeln wie oben beschrieben braten. Paprikaschoten in Streifen schneiden und 10 Minuten vor Ende der Garzeit zugeben. Mais und Bohnen in einem Sieb abbrausen, abtropfen lassen und zum Schluss statt Fenchel unter Kartoffeln und Paprika heben. Pfanne würzen und mit der Knoblauchcreme servieren.

Sellerieschnitzel
in Kokos-Panade mit Mango-Dip

🕐 30 Minuten | Für 2–3 Portionen

Für die Sellerieschnitzel

1 Knollensellerie (ca. 750 g)
4 EL Kokosraspel
4 EL Paniermehl
Salz
frisch gemahlener weißer
  Pfeffer
2–3 EL Weizenmehl Type 405
2 Eier (Größe M)
Öl zum Braten

Für den Curry-Mango-Dip

1 Mango
1 Zwiebel
1 TL neutrales Öl
1 EL Currypulver
Saft und Abrieb von
  1 unbehandelten Limette
Salz
frisch gemahlener weißer
  Pfeffer

1. Sellerie putzen, schälen und in etwa 5 mm dicke Scheiben schneiden. Diese in je 2 Dreiecke schneiden. Kokosraspel, Paniermehl, Salz und Pfeffer in einem flachen Teller mischen. Mehl auf einen weiteren flachen Teller geben. Eier in einem tiefen Teller verquirlen. Sellerie-Dreiecke erst in Mehl, dann in Ei und zum Schluss in der Kokos-Mischung wenden. Öl in einer großen Pfanne erhitzen. Schnitzel bei milder Temperatur je Seite etwa 3 Minuten braten.

2. Mango schälen, Fruchtfleisch vom Stein schneiden und würfeln. Zwiebel abziehen, würfeln und im erhitzten Öl anschwitzen. Mit Currypulver bestäuben. Mango zugeben, aufkochen. Mit Limettensaft und -abrieb, Salz und Pfeffer würzen. 1–2 EL Mangowürfel herausnehmen, Rest pürieren. Mangowürfel wieder zugeben. Dip zu den Schnitzeln servieren.

Variante Sellerieschnitzel in Reisgebäck-Panade

🕐 ± 0 Minuten
200 g japanisches Reisgebäck
  (z. B. Samurai Mix)

Reisgebäck in einem Mörser fein zerkleinern und in einen Teller geben. Sellerie wie oben beschrieben vorbereiten und in Mehl und Ei wenden. Zum Schluss im zerbröselten Reisgebäck wenden. Panade fest andrücken. Sellerieschnitzel braten und mit Mango-Dip servieren.

Tipp zur Variante Reisgebäck gibt es von mild bis scharf. Wählen Sie die Art, die Ihnen am besten schmeckt. Für die Panade sollten die zerkleinerten Stücke nicht zu grob sein, damit die Panade gut haftet.

Thai-Linsen-Curry
mit Kokosmilch vegan

🕐 30 Minuten | Für 4 Portionen

1 Zwiebel
2 Karotten
400 g festkochende
  Kartoffeln
1 Brokkoli
250 g rote Linsen
1 EL Kokosöl
1 EL milde Currypaste
200 ml Kokosmilch
  (aus der Dose)
400 g passierte Tomaten
ca. 250 ml Gemüsebrühe
Saft und Abrieb von
  ½ unbehandelten Limette
Salz
frisch gemahlener schwarzer
  Pfeffer
2 EL Cashewkerne

1. Zwiebel abziehen und würfeln. Karotten schälen, putzen, waschen und in Scheiben schneiden. Kartoffeln schälen, waschen und würfeln. Brokkoli putzen, waschen und in Röschen teilen. Linsen in einem Sieb abbrausen und gut abtropfen lassen.

2. Zwiebeln, Karotten, Kartoffeln und Brokkoli in einem Topf im erhitzten Kokosöl anschwitzen. Currypaste und Linsen mit anschwitzen. Kokosmilch, passierte Tomaten und Brühe angießen. Aufkochen und 15–20 Minuten köcheln lassen. Mit Limettensaft, -abrieb, Salz und Pfeffer abschmecken. Cashewkerne grob hacken. Curry mit Cashewkernen und nach Wunsch mit frischem Koriander garnieren.

Variante Linsen-Chili-sin-Carne mit Zartbitter-Schokolade

🕐 ± 0 Minuten
2 EL Tomatenmark
ca. 450 ml Gemüsebrühe
25 g Zartbitterschokolade
4 EL Crème fraîche

Gemüse und Linsen wie oben beschrieben vorbereiten und anschwitzen. Tomatenmark mit anrösten. Mit passierten Tomaten und Brühe ablöschen, 15–20 Minuten köcheln lassen. Schokolade grob hacken, im Chili schmelzen lassen. Alles salzen, pfeffern und mit Crème fraîche und nach Wunsch mit Petersilie garnieren. Dazu schmeckt Brot.

Gemüsewok
mit Shiitake-Polenta

🕐 25 Minuten | Für 4 Portionen

Für die Shiitake-Polenta

10 g getrocknete Shiitake-Pilze
ca. 650 ml Gemüsebrühe
75 g süße Sahne
200 g Minuten-Polenta
20 g geriebener Parmesan
  oder Montello

Für den Gemüsewok

2 Paprikaschoten
  (z. B. gelb und rot)
200 g Zuckerschoten
1 Bund Frühlingszwiebeln
1 EL Erdnussöl
2 EL Sojasauce
frisch gemahlener schwarzer
  Pfeffer

1. Getrocknete Pilze grob zerkleinern. Mit der Brühe aufkochen. Zuerst Sahne zugießen, dann Polenta unter Rühren einrieseln lassen. Aufkochen und nach Packungsanweisung 2–5 Minuten quellen lassen. Käse unterrühren.

2. Paprikaschoten putzen, waschen und in Streifen schneiden. Zuckerschoten waschen und längs in feine Streifen schneiden. Frühlingszwiebeln putzen, waschen und in dünne Ringe schneiden. Öl in einem Wok oder einer Pfanne erhitzen. Paprika darin 2–3 Minuten anbraten. Dann Zuckerschoten zufügen und weitere 2–3 Minuten anbraten. Zuletzt Frühlingszwiebeln zufügen und 2–3 Minuten anbraten. Mit Sojasauce und Pfeffer abschmecken. Polenta zum Gemüsewok servieren.

Variante Gemüsewok mit Mohn-Polenta

🕐 ± 0 Minuten

150 g Minuten-Polenta
50 g gemahlener Mohn

Brühe aufkochen, Sahne, Polenta und Mohn einrühren, aufkochen und quellen lassen. Den Käse einrühren. Gemüsewok wie oben beschrieben zubereiten. Mohn-Polenta zum Gemüsewok servieren.

Fruchtige Tajine
mit Amaranth vegan

🕐 30 Minuten | Für 4 Portionen

200 g Amaranth
2 Zwiebeln
2 Knoblauchzehen
2 Auberginen
2 Karotten
3 EL Olivenöl
1–2 TL Ras el Hanout
½ TL Zimtpulver
500 ml Gemüsebrühe
1 Dose stückige Tomaten
  (400 g)
175 g Aprikosen
  (aus der Dose)
240 g Kichererbsen
  (aus der Dose)
Salz
frisch gemahlener weißer
  Pfeffer

1. Amaranth in einem Sieb heiß abbrausen und mit 600 ml Wasser zum Kochen bringen. Zugedeckt bei milder Temperatur etwa 15 Minuten quellen lassen, dann offen 10 Minuten nachquellen lassen.

2. Zwiebeln und Knoblauch abziehen. Auberginen waschen und putzen. Karotten schälen und putzen. Alles würfeln. Olivenöl in einer Tajine oder einem Schmortopf erhitzen. Zwiebeln, Knoblauch, Auberginen und Karotten darin anschwitzen. Gewürze zugeben und mit anrösten. Brühe und Tomaten zufügen und etwa 12 Minuten köcheln lassen.

3. Aprikosen in Spalten schneiden. Mit den Kichererbsen unterheben und 2–3 Minuten erwärmen. Tajine und Amaranth abschmecken und zusammen anrichten.

Variante Fruchtige Tajine mit Weizen  vegan

🕐 ± 0 Minuten

200 g vorgegarte Weizen-
  körner (z. B. »Ebly«)
250 g weiße Bohnen
  (aus der Dose)
175 g Schattenmorellen
  (aus dem Glas)

In einem Topf reichlich Salzwasser aufkochen. Weizen darin in etwa 10 Minuten bissfest garen, abgießen und abtropfen lassen. Bohnen und Kirschen jeweils in einem Sieb gut abtropfen lassen. Tajine wie oben beschrieben zubereiten, dabei statt der Kichererbsen die Bohnen und statt der Aprikosen die Kirschen unterziehen. Tajine mit Weizen anrichten.

Kartoffelwürfel
in Curry-Béchamel

 25 Minuten | Für 4 Portionen

800 g vorwiegend
  festkochende Kartoffeln
4 Schalotten
1 kleiner Spitzkohl (ca. 800 g)
2 EL Butter
2 EL Weizenmehl Type 405
2 EL mildes Currypulver
400 ml Gemüsebrühe
250 g süße Sahne
Salz
frisch gemahlener weißer
  Pfeffer

Kartoffeln schälen, waschen und in etwa 1 cm große Würfel schneiden. Schalotten abziehen und längs in Viertel schneiden. Spitzkohl putzen, waschen und in Stücke schneiden. Alles in einem großen Topf in der erhitzten Butter anschwitzen. Mehl und Currypulver darüberstäuben und mit anschwitzen. Mit Brühe und Sahne ablöschen und 12–15 Minuten unter gelegentlichem Rühren köcheln lassen. Mit Salz und Pfeffer abschmecken. Béchamel-Kartoffeln nach Wunsch mit Schnittlauch bestreut anrichten.

Variante Kartoffelwürfel in Pfifferling-Béchamel

± 0 Minuten
300 g Pfifferlinge
2 EL Olivenöl
frisch geriebene Muskatnuss

Béchamel-Kartoffeln wie oben beschrieben zubereiten, dabei aber das Currypulver und den Spitzkohl weglassen. Pfifferlinge kurz waschen, abtropfen lassen und eventuell kleiner schneiden. In einer Pfanne im erhitzten Öl kräftig anbraten und würzen. Béchamel-Kartoffeln mit Salz, Pfeffer und Muskat würzen, mit Pfifferlingen und nach Wunsch mit Schnittlauch anrichten.

Batate-Ragout
mit Bananenchips-Nuss-Topping

🕐 20 Minuten | Für 4 Portionen

2 Süßkartoffeln
  (Batate; à ca. 500 g)
2 Zwiebeln
1 Brokkoli
2 EL neutrales Öl
ca. 500 ml Gemüsebrühe
250 g süße Sahne
1–2 TL Speisestärke
Salz
frisch gemahlener weißer
  Pfeffer
40 g Bananenchips
25 g Pekannusskerne

1. Süßkartoffeln schälen, waschen und in etwa 1 cm große Würfel schneiden. Zwiebeln abziehen, halbieren und in Scheiben schneiden. Brokkoli putzen, waschen und in kleine Röschen teilen. Alles in einem großen Topf im erhitzten Öl anschwitzen. Mit Brühe und Sahne ablöschen und etwa 10 Minuten köcheln lassen.

2. Stärke mit etwas kaltem Wasser anrühren, in das Ragout rühren, aufkochen und dieses andicken lassen. Ragout mit Salz und Pfeffer würzen. Bananenchips und Pekannusskerne grob hacken und auf das Ragout streuen. Nach Wunsch mit Majoran bestreut servieren.

Tipp Wer mag, serviert noch Reis dazu.

Variante Batate-Ragout in Erdnuss-Kokosmilch

🕐 ± 0 Minuten
1–2 EL Erdnussbutter
ca. 300 ml Gemüsebrühe
1 Dose Kokosmilch (400 ml)
50 g gesalzene, geröstete
  Erdnusskerne

Gemüse wie oben beschrieben vorbereiten und im Öl anschwitzen. Erdnussbutter mit anschwitzen. Mit Brühe und Kokosmilch ablöschen und etwa 10 Minuten köcheln lassen. Erdnusskerne grob hacken und auf das Ragout streuen. Ragout nach Wunsch mit frischem Koriander bestreut servieren.

Nudeln, Reis & Getreide

Gefüllte Tomaten
mit Bärlauch-Risotto

🕐 30 Minuten | Für 4 Portionen

1 Zwiebel
1 EL neutrales Öl
200 g Risotto-Reis
50 ml Weißwein
ca. 600 ml heiße
  Gemüsebrühe
8 Tomaten
1 Bund Bärlauch (ca. 50 g)
Salz
frisch gemahlener weißer
  Pfeffer
1 EL Butter
60 g geriebener Parmesan
  oder Montello

1. Zwiebel abziehen, würfeln und in einem Topf im erhitzten Öl anschwitzen. Reis zugeben und mit anschwitzen. Erst Wein, dann portionsweise die Brühe angießen, sobald der Reis die Flüssigkeit aufgenommen hat. Risotto unter Rühren etwa 20 Minuten garen.

2. Tomaten waschen, einen Deckel mit Strunk abschneiden und das Innere der Tomate mit einem Kugelausstecher oder Teelöffel herauslösen und klein schneiden. Tomaten innen trockentupfen. Bärlauch abbrausen, trockenschleudern und fein hacken.

3. Backofengrill vorheizen. Risotto mit Salz und Pfeffer würzen. Butter, Bärlauch, Tomateninneres und die Hälfte Parmesan unterheben. Risotto in die Tomaten füllen, diese in eine Auflaufform setzen und mit übrigem Parmesan bestreuen. Unter dem Backofengrill 3–5 Minuten überbacken.

Variante Gefüllte Tomaten mit Limetten-Risotto

🕐 ± 0 Minuten

Saft und abgeriebene Schale
  von 2 unbehandelten
  Limetten
100 g geriebener Mozzarella

Risotto wie oben beschrieben zubereiten, dabei Limettenschale und -saft statt Bärlauch unterrühren und statt Parmesan die Hälfte des Mozzarellas. Tomaten ebenfalls wie oben beschrieben vorbereiten und mit Risotto füllen, in eine Auflaufform setzen und mit übrigem Mozzarella bestreuen. Unter dem Backofengrill 3–5 Minuten überbacken.

Baguette-Auflauf
mit Tomaten und Käseguss

🕐 25 Minuten | Für 4 Portionen

3 EL Olivenöl
4 große Tomaten
1 großes altbackenes Baguette
  (ca. 300 g)
1 Knoblauchzehe
1 Bund Basilikum
4 Eier (Größe M)
50 g Doppelrahmfrischkäse
50 g geriebener Grana Padano
  (alternativ Parmesan)
Salz
frisch gemahlener schwarzer
  Pfeffer

1. Backofen auf 225 °C (Ober-/Unterhitze) vorheizen. Eine Auflaufform mit 1 TL Öl einölen. Tomaten waschen und wie das Baguette in Scheiben schneiden. Beides in der Auflaufform verteilen. Mit übrigem Olivenöl beträufeln und 5 Minuten im Ofen vorbacken.

2. Knoblauch abziehen und durchpressen. Basilikum abbrausen, trockenschütteln, Blättchen abzupfen. Die Hälfte Blättchen fein hacken. Eier mit Knoblauch, Frischkäse und Grana Padano verrühren. Gehacktes Basilikum unterheben. Mit Salz und Pfeffer würzen.

3. Backofentemperatur auf 200 °C reduzieren. Eierguss über Brot und Tomaten verteilen und den Auflauf in 15 Minuten fertig backen. Mit übrigem Basilikum garnieren.

Variante Ciabatta-Zucchini-Auflauf mit Käseguss

🕐 ± 0 Minuten

1 großes altbackenes Ciabatta
  (ca. 300 g)
2 Zucchini
100 g Kirschtomaten

Brot grob würfeln. Zucchini waschen, putzen und in Stücke schneiden. Tomaten waschen und halbieren. Alles in die geölte Auflaufform geben, mit Öl beträufeln und 5 Minuten vorbacken. Danach wie oben beschrieben mit Eierguss bedecken und fertig backen.

Käse-Schmarrn

mit Gurken-Tatar

🕐 25 Minuten | Für 2 Portionen

Für das Gurken-Tatar

½ Salatgurke

⅓ weißer Rettich

2 EL Weißweinessig

2 EL Rapskernöl

Salz | frisch gemahlener
   weißer Pfeffer

Für den Schmarrn

100 g Emmentaler

4 Eier (Größe M)

200 ml Milch

150 g Weizenmehl Type 405

Salz | frisch gemahlener
   weißer Pfeffer

1 TL neutrales Öl

75 g Schmand

Zum Garnieren

½ Bund Schnittlauch

1. Gurke waschen, putzen, längs halbieren und entkernen. Rettich schälen und putzen. Beides fein würfeln. Essig, Öl, Salz und Pfeffer verquirlen, mit Gurke und Rettich mischen und ziehen lassen.

2. Inzwischen den Emmentaler reiben. Eier trennen. Eigelb, Milch, Mehl und Käse verrühren. Mit Salz und Pfeffer würzen. Eiweiß steif schlagen und unter den Teig heben.

3. Öl in einer großen Pfanne erhitzen. Teig hineingeben und bei mittlerer Temperatur backen, bis der Schmarrn von unten goldbraun ist. Mit einem Pfannenwender vierteln und weitere 3–4 Minuten backen. Dann mit zwei Gabeln in Stücke zupfen. Schmarrn mit Gurken-Tatar, Schmand und nach Wunsch mit Schnittlauchröllchen anrichten.

Variante Kräuter-Schmarrn mit griechischem Dip

🕐 ± 0 Minuten

½ Bund Majoran

150 g griechischer Joghurt
   (10 % Fett)

50 g Feta

25 g grüne und schwarze
   Oliven

Majoran abbrausen, trockenschütteln, Blättchen abzupfen und fein hacken. Unter den Teig heben und wie oben beschrieben backen. Joghurt, zerbröckelten Feta, Salz und Pfeffer verrühren. Oliven grob hacken und unterheben. Dip zum Schmarrn servieren.

Farfalle

»Quattro Pomodori«

🕐 25 Minuten | Für 4 Portionen

2 Zwiebeln
2 Knoblauchzehen
75 g getrocknete Tomaten
  (in Öl)
4 feste Tomaten
2 EL Olivenöl
2 Dosen stückige Tomaten
  (à 400 g)
1 l Gemüsebrühe
Salz
frisch gemahlener schwarzer
  Pfeffer
1 Prise Zucker
350 g Farfalle
250 g Kirschtomaten
30 g Parmesan- oder
  Montello-Späne

1. Zwiebeln und Knoblauch abziehen. Zwiebeln in feine Spalten schneiden, Knoblauch hacken. Getrocknete Tomaten würfeln. Feste Tomaten waschen, trockentupfen und auf einer scharfen Küchenreibe grob reiben. Zwiebeln und Knoblauch in einem großen Topf im erhitzten Öl anschwitzen. Mit Dosentomaten und Brühe ablöschen. Getrocknete Tomaten und geriebene Tomaten zufügen und aufkochen lassen. Mit Salz, Pfeffer und Zucker würzen. Farfalle zugeben und etwa 15 Minuten unter gelegentlichem Rühren köcheln lassen, bis sie bissfest sind.

2. Kirschtomaten waschen und halbieren. Zu den Tomatennudeln geben und kurz erwärmen lassen. Tomatennudeln mit Parmesanspänen und nach Wunsch mit Basilikum garniert anrichten.

Variante Farfalle »Quattro Formaggi«

🕐 ± 0 Minuten

25 g Parmesan oder Montello
50 g Emmentaler
75 g Gorgonzola
1 Kugel Büffelmozzarella
  (125 g)
250 g süße Sahne
eventuell 1 EL Saucenbinder

Parmesan und Emmentaler grob reiben. Gorgonzola und Mozzarella in Würfel schneiden. Nudeln nach Packungsangabe in Salzwasser bissfest garen. Sahne aufkochen und 2 Minuten einkochen lassen. Käse einrühren und 2–3 Minuten bei milder Temperatur schmelzen lassen. Mit Salz und Pfeffer würzen. Nach Wunsch mit Saucenbinder binden. Nudeln mit Sauce, Parmesanspänen und nach Wunsch mit Basilikum garniert anrichten.

Linsen-Nudeln

mit Granny-Smith-Pesto

🕐 20 Minuten | Für 4 Portionen

Für das Granny-Smith-Pesto

1 unbehandelte Zitrone
1 kleines Stück Ingwer
1 Bund Koriander
2 Granny-Smith-Äpfel
5 EL natives Olivenöl
1 EL Zucker
Salz
frisch gemahlener weißer
   Pfeffer

Außerdem

400 g Rote-Linsen-Nudeln
   (z. B. aus dem Bioladen)
Salz
1 Bund Radieschen
1 Kopf Radicchio

1. Zitrone heiß abbrausen, trockentupfen und Schale fein abreiben. Frucht auspressen. Ingwer schälen und fein reiben. Koriander abbrausen, trockenschütteln und Blättchen abzupfen. Äpfel waschen, vierteln, entkernen, klein schneiden und mit Zitronenschale, -saft, Ingwer, Koriander, Olivenöl und Zucker grob pürieren. Pesto mit Salz und Pfeffer abschmecken.

2. Nudeln in reichlich Salzwasser nach Packungsanweisung garen, abgießen, abtropfen und etwas abkühlen lassen. Inzwischen Radieschen putzen, waschen und in Scheiben schneiden. Radicchio in Blätter teilen, waschen und abtropfen lassen. Blätter kleiner zupfen. Nudeln mit Radieschen, Radicchio und Pesto anrichten.

Variante Kichererbsen-Nudeln mit Walnuss-Pesto

🕐 ± 0 Minuten

1 Bund glatte Petersilie
75 g Walnusskerne
75 ml Walnussöl
400 g Kichererbsen-Nudeln
   (z. B. aus dem Bioladen)

Petersilie abbrausen, trockenschütteln und Blättchen abzupfen. Mit Walnusskernen, Walnussöl, Salz und Pfeffer pürieren. Nudeln in reichlich Salzwasser nach Packungsanweisung bissfest garen, abgießen und abtropfen lassen. Mit Radieschen, Radicchio und Pesto anrichten.

Couscoussalat
mit wachsweichen Eiern

🕐 25 Minuten | Für 4 Portionen

300 ml Orangensaft
50 g Butter
Salz
frisch gemahlener weißer
  Pfeffer
300 g Couscous
200 g grüne Bohnen
4 Eier
200 g Kirschtomaten
1 rosa Bete
  (alternativ 1 Rote Bete)

1. Orangensaft, Butter, Salz und Pfeffer in einem Topf aufkochen, vom Herd ziehen, Couscous zugeben und einige Minuten ausquellen lassen.

2. Bohnen waschen, putzen, in Stücke schneiden und in kräftig gesalzenem Wasser etwa 12 Minuten garen. Abgießen, kalt abschrecken und abtropfen lassen. Eier in 6–7 Minuten wachsweich kochen. Abschrecken und abkühlen lassen. Kirschtomaten waschen und halbieren. Rosa Bete putzen, schälen, halbieren und mit dem Sparschäler quer in dünne Streifen schneiden. Eier halbieren. Couscous mit Bohnen, Tomaten, rosa Bete, Eihälften und nach Wunsch mit gehackter Petersilie anrichten.

Tipp Zum Couscous-Salat etwas griechischen Joghurt reichen.

Variante Grüner Couscoussalat mit Zuckerschoten

🕐 – 5 Minuten
100 g Zuckerschoten
100 g TK-Erbsen
½ Salatgurke
25 g Pistazienkerne

Couscous wie oben beschrieben zubereiten. Zuckerschoten waschen und schräg in Streifen schneiden, mit den Erbsen in kochendem Salzwasser 2–3 Minuten garen. Dann abgießen, abtropfen lassen. Salatgurke waschen, putzen, längs halbieren, entkernen und würfeln. Couscous, Zuckerschoten, Erbsen und Gurke mischen. Pistazienkerne grob hacken und über den Salat streuen.

Bunter Reissalat
mit Erdnuss-Dressing

🕐 25 Minuten | Für 2 Portionen

150 g 10-Minuten-Reis
Salz
2 mittelgroße Karotten
3 Stangen Staudensellerie
½ Bund Koriander
1 Stück Ingwer
2 EL Erdnussbutter
3 EL Sojasauce
1 EL Agavendicksaft
2 EL Zitronensaft
4 EL neutrales Öl
frisch gemahlener weißer
  Pfeffer

1. Reis in kochendem Salzwasser 10 Minuten garen. Karotten schälen, putzen und grob raspeln. Sellerie putzen, waschen und in dünne Scheiben schneiden. Koriander abbrausen, trockenschütteln, Blättchen abzupfen und hacken. Reis abgießen, abtropfen und abkühlen lassen.

2. Inzwischen Ingwer schälen und fein reiben. Erdnussbutter, Sojasauce, Agavendicksaft, Zitronensaft, Öl und Pfeffer mit dem Stabmixer verquirlen. Ingwer unterrühren. Mit Reis, Karotten, Sellerie und Koriander anrichten und servieren.

Variante Reispfanne mit Spiegelei

🕐 ± 0 Minuten
140 g Gemüsemais
  (aus der Dose)
1 EL neutrales Öl
ca. 300 ml Gemüsebrühe
2 Eier (Größe M)

Karotten und Sellerie wie oben beschrieben zerkleinern, mit dem Mais und dem Reis in einer Pfanne im erhitzten Öl anschwitzen. Mit Brühe ablöschen und zugedeckt etwa 10 Minuten bei milder Temperatur garen, bis die Flüssigkeit aufgesogen ist. Zwei Mulden in die Reispfanne drücken, Eier aufschlagen und je ein Ei in jede Mulde gleiten lassen. Deckel auflegen, Temperatur etwas erhöhen und die Eier in etwa 10 Minuten stocken lassen.

Pesto-Tortellini
vom Blech

🕐 25 Minuten | Für 4 Portionen

3 Paprikaschoten
(z. B. rot, gelb und grün)
2 Knoblauchzehen
50 g schwarze Oliven
ohne Stein
50 g Soft-Tomaten
2 EL Pinienkerne
3 Pck. frische Tortellini
(à 250 g; mit vegetarischer
Füllung; Kühlregal)
4 EL Olivenöl
2 EL Pesto (Fertigprodukt)
250 ml Gemüsebrühe
250 ml Tomatensaft
Salz
frisch gemahlener schwarzer
Pfeffer
50 g Rucola

1. Backofen auf 200 °C (Ober-/Unterhitze) vorheizen. Paprikaschoten putzen, waschen und klein schneiden. Knoblauch abziehen und in dünne Scheiben schneiden. Oliven in Scheiben schneiden. Soft-Tomaten klein schneiden. Alles mit Pinienkernen, Tortellini, Öl und Pesto mischen, dann auf einem tiefen Blech (Fettpfanne) verteilen und etwa 20 Minuten backen.

2. Brühe, Tomatensaft, Salz und Pfeffer aufkochen. Nach etwa 5 Minuten Backzeit Tomatenbrühe zu den Nudeln aufs Blech gießen und diese fertig garen. Rucola waschen, trockenschleudern und auf den fertigen Tortellini anrichten.

Variante Tricolore-Ravioli vom Blech

🕐 ± 0 Minuten
1 rote Paprikaschote
250 g Kirschtomaten
3 Pck. frische Ravioli
(à 250 g; mit vegetarischer
Füllung; Kühlregal)
150 g Mini-Mozzarella-
Kugeln

Paprikaschote putzen, waschen und klein schneiden. Kirschtomaten waschen und halbieren. Beides mit Knoblauch, Oliven, Soft-Tomaten, Pinienkernen, Ravioli, Öl und Pesto mischen, auf das Blech geben und wie beschrieben backen. Tomatenbrühe angießen und alles fertig backen. Mozzarella abtropfen lassen. Ravioli mit Rucola und Mozzarella anrichten.

Hirsotto

mit Kardamom-Karotten

🕐 30 Minuten | Für 4 Portionen

2 Schalotten
75 g Butter
250 g Hirse
200 ml Weißwein
1 l Gemüsebrühe
400 g kleine junge
  Bundkarotten
Salz
¼–½ TL Kardamompulver
50 g Parmesan oder Montello
frisch gemahlener weißer
  Pfeffer
Petersilie zum Garnieren

1. Schalotten abziehen und würfeln, in einem Topf in 30 g erhitzter Butter anschwitzen. Hirse zufügen und mit anschwitzen. Mit Wein und etwas Brühe ablöschen. Hirse unter Rühren 20–25 Minuten garen, dabei nach und nach die übrige Brühe zugeben.

2. Karotten waschen und putzen, dabei etwas Grün stehen lassen. Karotten je nach Dicke längs halbieren. In kochendem Salzwasser 3–4 Minuten blanchieren, herausnehmen und abtropfen lassen. Inzwischen in einer Pfanne 20 g Butter schmelzen. Kardamom einrühren. Karotten in der geschmolzenen Kardamom-Butter schwenken.

3. Parmesan reiben und zusammen mit der übrigen Butter in das Hirsotto rühren. Mit Salz und Pfeffer abschmecken. Hirsotto mit den Kardamom-Karotten anrichten und nach Wunsch mit gehackter Petersilie bestreut servieren.

Variante Hirsotto mit Orangen-Spargel

🕐 ± 0 Minuten

500 g grüner Spargel
Zucker
25 g Butter
Abrieb von 1 unbehandelten
  Orange

Hirsotto wie oben beschrieben zubereiten. Spargel waschen, im unteren Drittel schälen und holzige Enden abschneiden. Stangen in kochendem Salzwasser mit etwas Zucker in etwa 8 Minuten bissfest garen, herausheben und abtropfen lassen. Butter in einer Pfanne schmelzen, Orangenabrieb einrühren. Spargel darin schwenken. Hirsotto mit Orangen-Spargel anrichten.

One-Pot-Pasta
mit Parmesan

🕐 25 Minuten | Für 4 Portionen

2 Knoblauchzehen
2 EL neutrales Öl
750 ml Milch
500 ml Gemüsebrühe
500 g Makkaroni
Salz
frisch gemahlener weißer
  Pfeffer
frisch geriebene Muskatnuss
75 g Parmesan oder Montello

1. Knoblauch abziehen, durchpressen und in einem Topf im erhitzten Öl anschwitzen. Milch und Brühe angießen und aufkochen. Nudeln zufügen und mit Salz, Pfeffer und Muskat würzen. Nudeln unter gelegentlichem Rühren in 10–12 Minuten bissfest garen.

2. Parmesan reiben und unter die One-Pot-Pasta rühren. Eventuell noch etwas Brühe zugeben. Pasta nochmals abschmecken. Nach Wunsch mit Petersilie bestreut servieren. Dazu schmeckt ein bunter Salat.

Tipp Sauce nach der Zugabe des Parmesans nicht mehr länger kochen lassen, sie kann sonst ausflocken.

Variante One-Pot-Pasta »Thai-Style« vegan

🕐 ± 0 Minuten

3 Karotten
1 Bund Frühlingszwiebeln
1 walnussgroßes Stück
  Ingwer
2 EL Erdnussbutter
1,25 l Gemüsebrühe
500 g Linguine
1–2 EL Sojasauce
3–4 EL Limettensaft
Chiliflocken

Karotten schälen, putzen und schräg in Scheiben schneiden. Frühlingszwiebeln putzen, waschen und schräg in Ringe schneiden. Ingwer schälen und fein reiben. Alles im erhitzten Öl anschwitzen. Erdnussbutter mit anschwitzen. Mit Gemüsebrühe ablöschen. Nudeln, Pfeffer, Sojasauce, Limettensaft und Chiliflocken zugeben und die Nudeln bissfest garen. Nach Wunsch mit Thai-Basilikum und Schwarzkümmel garniert servieren.

Dinkel-Paella
nach katalanischer Art

 30 Minuten | Für 4 Portionen

2 Zwiebeln

2 Knoblauchzehen

2 Paprikaschoten
  (z. B. rot und gelb)

5 Tomaten

300 g vorgegarte Dinkel-
  körner (»Dinkel wie Reis«,
  »Zart-Dinkel«)

2 EL neutrales Öl

150 g TK-Erbsen

2 Msp. Safranpulver

125 ml veganer Weißwein

1 l Gemüsebrühe

Salz

frisch gemahlener schwarzer
  Pfeffer

50 g schwarze Oliven ohne
  Stein

Zwiebeln und Knoblauch abziehen und fein hacken. Paprikaschoten putzen, waschen und in Streifen schneiden. Tomaten in kochendes Wasser tauchen, häuten und achteln. Zwiebeln, Knoblauch und Dinkelkörner in einem Topf im erhitzten Öl anschwitzen. Paprika, Tomaten, Erbsen und Safran zufügen. Mit Wein und Brühe ablöschen, aufkochen und offen etwa 20 Minuten garen. Paella mit Salz und Pfeffer abschmecken. Oliven mit der Paella anrichten.

Variante Knusprige Karotten-Dinkel-Pattys

 ± 0 Minuten

2 Karotten

ca. 75 g Vollkornsemmelbrösel

3 Eier (Größe M)

getrockneter Thymian

Dinkelkörner in kochendem Salzwasser etwa 20 Minuten garen, abgießen und abtropfen lassen. Karotten schälen, putzen und fein würfeln. Mit Zwiebeln in 1 EL erhitztem Öl anschwitzen. Karotten-Zwiebel-Mix mit Dinkel, 50 g Vollkornbröseln, Eiern, Thymian, Salz und Pfeffer zu einem Teig verrühren. Dinkelmasse mit angefeuchteten Händen zu Patties formen, in den übrigen Bröseln wenden und bei mittlerer Temperatur im übrigen erhitzten Öl je Seite etwa 3 Minuten goldbraun braten. Dazu schmeckt Kräuterquark.

Tofu, Tempeh, Seitan & Co.

Tofu-Bandnudeln
mit Rucola-Pesto

🕐 20 Minuten | Für 4 Portionen

Für das Rucola-Pesto
200 g Rucola
2 Knoblauchzehen
50 g Parmesan oder Montello
40 g Pinienkerne
ca. 100 ml gutes Olivenöl

Außerdem
400 g breite Bandnudeln
Salz
300 g Tofu natur
frisch gemahlener schwarzer
  Pfeffer
Öl zum Braten

1. Rucola verlesen, waschen und trockenschleudern. Knoblauch abziehen und grob hacken. Parmesan grob raspeln. Pinienkerne, Öl, Knoblauch und Parmesan pürieren, dann Rucola und etwa 150 ml Wasser nach und nach zufügen und mit pürieren.

2. Nudeln in Salzwasser nach Packungsanweisung bissfest garen. Tofu klein würfeln, pfeffern und in erhitztem Öl knusprig braten. Nudeln abgießen, abtropfen lassen und mit dem Pesto und den Tofu-Würfelchen anrichten.

Variante Tofu-Spaghetti mit Spinatsauce

🕐 ± 0 Minuten
200 g junger Blattspinat
1 Zwiebel
150 ml Gemüsebrühe
175 g Crème fraîche
1 TL Speisestärke
400 g Spaghetti

Spinat verlesen, waschen, trockenschleudern und hacken. Zwiebel abziehen und hacken. Brühe und Crème fraîche unter Rühren aufkochen. Zwiebel und Spinat zufügen. Würzen. Stärke mit wenig kaltem Wasser anrühren und Sauce damit binden. Nudeln und Tofu-Würfelchen wie oben beschrieben zubereiten. Alles anrichten.

Blumenkohl

mit Soja-Bolognese

🕐 25 Minuten | Für 4 Portionen

200 g Soja-Schnetzel
ca. 750 ml Gemüsebrühe
1 Zwiebel
1 Knoblauchzehe
3 mittelgroße Karotten
½ Bund Oregano
4 EL neutrales Öl
3 EL Tomatenmark
edelsüßes Paprikapulver
750 g passierte Tomaten
Salz
frisch gemahlener schwarzer
  Pfeffer
700 g Blumenkohl

1. Soja-Schnetzel mit 500 ml Gemüsebrühe auf-kochen und 10–15 Minuten quellen lassen (Packungs-beilage beachten). Inzwischen Zwiebel und Knoblauch abziehen. Karotten schälen und putzen. Alles fein wür-feln. Oregano abbrausen, trockenschütteln, Blättchen abzupfen und fein hacken. Zwiebel, Knoblauch und Karotten in 2 EL erhitztem Öl anschwitzen. Tomaten-mark und Paprikapulver mit anschwitzen. Eingeweich-te Soja-Schnetzel und Oregano zufügen. Mit passierten Tomaten und restlicher Brühe ablöschen. Aufkochen und 5 Minuten köcheln lassen. Kräftig salzen und pfeffern.

2. Blumenkohl putzen, waschen und in große Röschen teilen. Diese in 1–2 cm dicke Scheiben schneiden. In einer großen beschichteten Pfanne im übrigen Öl von beiden Seiten 2 Minuten goldbraun anbraten. Salzen, pfeffern und zugedeckt bei milder Temperatur noch 4–5 Min. bissfest garen. Mit der Soja-Bolognese anrichten.

Variante Kartoffel-Kürbis-Stampf mit Soja-Bolognese

🕐 ± 0 Minuten
400 g Hokkaido-Kürbis
400 g mehligkochende
  Kartoffeln
ca. 100 ml Milch
frisch geriebene Muskatnuss

Soja-Bolognese wie oben beschrieben zubereiten. Kürbis in Stücke schneiden. Kartoffeln schälen, waschen und ebenfalls klein schneiden. Beides zusammen in Salzwasser zugedeckt 20–25 Minuten garen. Abgießen. Milch erhitzen, zum Gemüse geben und dieses grob zerstampfen. Mit Salz, Pfeffer und Muskat würzen. Zur Soja-Bolognese servieren.

Power-Salat

mit Hanfsamen

 25 Minuten | Für 4 Portionen

Für das Dressing

200 ml naturtrüber Apfelsaft
4 EL Apfelessig
2 EL Sojasauce
400 g Seidentofu
4 EL neutrales Öl
1 EL Hefeflocken

Für den Salat

2 Kohlrabi
3 Karotten
1 Römersalat
200 g Feldsalat
2 säuerliche Äpfel
40 g Hanfsamen

1. Für das Dressing den Apfelsaft bei starker Temperatur auf etwa 6 EL dickflüssig einkochen lassen. Mit Apfelessig und Sojasauce verrühren. Flüssigkeit vom Tofu abgießen, Tofu mit Öl und Hefeflocken zur Apfelmischung geben. Alles glatt pürieren.

2. Gemüse schälen und putzen. Kohlrabi und Karotten in sehr dünne Scheiben hobeln. Salate putzen, waschen, trockenschleudern und den Römersalat in Streifen schneiden. Äpfel waschen, vierteln und Kerngehäuse entfernen. Viertel in dünne Scheiben hobeln. Salatzutaten auf einen Teller geben und mit Dressing anrichten. Mit Hanfsamen bestreuen.

Variante Rohkost-Sticks mit Walnuss-Seidentofu-Dip

 ± 0 Minuten

4 Stängel Petersilie
60 g Walnusskerne
100 g Rapsöl
Salz
frisch gemahlener weißer
  Pfeffer

Petersilie abbrausen, trockenschütteln und Blättchen abzupfen. Mit Walnusskernen in einem Mixer fein zerkleinern. Seidentofu, Öl, Salz und Pfeffer (keine Hefeflocken) zugeben, alles zu einem Dip mixen. Kohlrabi, Karotten und Äpfel zu Sticks schneiden und mit dem Dip servieren.

Tofu-Waffeln
mit Pilzrahm  vegan

 30 Minuten | Für 2 Portionen

250 g Pfifferlinge

3 Schalotten

1 ½ EL neutrales Öl

2 EL Weizenmehl Type 405

2 Prisen Zimtpulver

50 ml veganer Weißwein

200 ml Gemüsebrühe

150 ml Haferdrink

Salz

frisch gemahlener weißer
  Pfeffer

4 Stücke Tofu natur (à 200 g)

edelsüßes Paprikapulver

1. Pilze kurz waschen, putzen und gut abtropfen lassen. Schalotten abziehen und längs vierteln, in einer großen Pfanne in 1 EL erhitztem Öl anschwitzen. Pilze dazugeben und kräftig anbraten. Mit Mehl und Zimt bestäuben, kurz anschwitzen. Wein, Brühe und Haferdrink angießen, aufkochen und etwa 5 Minuten köcheln lassen. Mit Salz und Pfeffer abschmecken. Warm halten.

2. Tofu abtropfen lassen und waagerecht halbieren. Mit Küchenpapier gut ausdrücken. Von beiden Seiten mit Salz, Pfeffer und Paprikapulver würzen. Waffeleisen (am besten rechteckig) vorheizen, mit übrigem Öl einpinseln und Tofuscheiben darin nacheinander knusprig backen. Zum Pilzrahm servieren.

Variante Tofu-Waffeln mit Paprika-Mandel-Sauce  vegan

± 0 Minuten

150 g geröstete Paprika
  (aus dem Glas)

1 EL gemahlene Mandelkerne

2 EL Semmelbrösel

1 Knoblauchzehe

Saft und Schale von
  ½ unbehandelten Zitrone

3–4 EL Olivenöl

Paprika abtropfen lassen. Mandelkerne und Semmelbrösel in einer Pfanne ohne Fettzugabe rösten. Knoblauch abziehen und grob hacken. Alles mit Zitronensaft und -schale pürieren, dabei das Öl zufügen. Paprika-Mandel-Sauce zu den Tofu-Waffeln servieren.

Lupinen-Nuggets
mit Cashew-Dip

🕐 20 Minuten | Für 2 Portionen

Für den Cashew-Dip
1 Knoblauchzehe
250 g Cashewkerne natur
2 EL Zitronensaft
3 EL Hefeflocken

Für die Lupinen-Nuggets
200 g Lupinenfilet
  (z. B. aus dem Bioladen)
50 g Weizenmehl Type 405
Salz
frisch gemahlener weißer
  Pfeffer
60 g ungesüßte Cornflakes
Öl zum Braten

1. Für den Dip Knoblauchzehe abziehen. Mit Cashewkernen, Zitronensaft, Hefeflocken und etwa 125 ml Wasser glatt pürieren.

2. Lupinenfilet in Nuggets schneiden. Mehl mit 100 ml kaltem Wasser, Salz und Pfeffer glatt verrühren. Cornflakes zerbröseln und auf einen flachen Teller geben. Nuggets zuerst durch den Teig ziehen, dann in den Cornflakes wenden. Panade gut andrücken. Nuggets bei mittlerer Temperatur in erhitztem Öl von allen Seiten goldbraun braten. Dip dazu servieren.

Variante China-Brokkoli-Pfanne mit Lupinen-Nuggets vegan

🕐 ± 0 Minuten
1 kleiner Brokkoli
1 rote Chilischote
1 kleines Stück Ingwer
125 ml Gemüsebrühe
2 EL Hoisinsauce
1 EL Sesamsaat

Brokkoli putzen, waschen und in Röschen teilen. Chilischote abbrausen, halbieren, entkernen und fein würfeln. Ingwer schälen und fein reiben. Etwas Öl in einer großen Pfanne oder in einem Wok erhitzen. Brokkoli unter Rühren etwa 4 Minuten darin anbraten. Chili und Ingwer kurz mitbraten. Brühe und Hoisinsauce angießen und Brokkoli noch etwa 5 Minuten dünsten. Salzen, pfeffern und Sesam unterrühren. Lupinenfilet in Nuggets schneiden und in erhitztem Öl unter Wenden 2–3 Minuten braten, würzen. Mit der Gemüsepfanne anrichten. Dazu schmeckt Reis.

Tempeh-Schnitzel
in Zitronengras-Sauce vegan

🕐 30 Minuten | Für 2 Portionen

200 g Tempeh
(z. B. aus dem Asialaden)
Öl zum Braten
1 walnussgroßes Stück
Ingwer
1 Stängel Zitronengras
1 Glas China-Gemüse-
mischung (330 g)
300 ml Gemüsebrühe
5 EL Sake (Reiswein)
1 EL Speisestärke

1. Tempeh zunächst waagerecht, dann diagonal halbieren. In einer großen Pfanne in erhitztem Öl unter Wenden goldbraun anbraten. Herausnehmen.

2. Ingwer schälen und fein hacken. Zitronengras waschen, längs halbieren und mit dem Messer flach drücken. China-Gemüsemischung abtropfen lassen. Ingwer, Zitronengras und Chinagemüse im Tempeh-Bratfett anschwitzen. Brühe und Sake angießen und aufkochen lassen. Stärke mit wenig kaltem Wasser anrühren und in den kochenden Fond einrühren, andicken lassen. Tempeh zugeben und alles unter gelegentlichem Rühren zugedeckt 8–10 Minuten köcheln lassen. Zum Servieren Zitronengras entfernen und alles nach Wunsch mit gehacktem Koriander oder Petersilie bestreut servieren. Dazu schmeckt Basmatireis-Mischung.

Variante Tempeh-Schnitzel in Orangensauce vegan

🕐 ± 0 Minuten

Saft von 2 Orangen
(ca. 200 ml)
100 ml Gemüsebrühe
2 EL Limettensaft
2 EL Agavendicksaft
2 EL helle Sojasauce
4 Frühlingszwiebeln
30 g Kapern (aus dem Glas)
1 Glas Bambus-Schösslinge
in Streifen (330 g)

Tempeh wie oben beschrieben braten und aus der Pfanne nehmen. Ingwer im Bratfett anschwitzen, dann Orangensaft, Brühe, Limettensaft, Agavendicksaft und Sojasauce zufügen und aufkochen lassen. Frühlingszwiebeln putzen, waschen und in dünne Ringe schneiden. Kapern und Schösslinge abtropfen lassen. Gemüse zur Sauce zugeben. Mit angerührter Stärke andicken. Tempeh zugeben und wie oben beschrieben köcheln lassen. Nach Wunsch mit Reis servieren.

Seitan-Gulasch
in scharfer Tomatensauce

 25 Minuten | Für 2 Portionen

250 g Seitan
1 Zwiebel
1 rote Paprikaschote
1 kleine Zucchini
2 EL neutrales Öl
Salz
frisch gemahlener weißer
  Pfeffer
1 EL Tomatenmark
250 ml Gemüsebrühe
200 g passierte Tomaten
rosenscharfes Paprikapulver
2 EL veganer
  Crème-fraîche-Ersatz

Seitan in mundgerechte Würfel schneiden. Zwiebel abziehen, halbieren und in Streifen schneiden. Paprikaschote und Zucchini putzen, waschen und in Stücke schneiden. Seitan in einer großen Pfanne im erhitzten Öl rundum kräftig anbraten, mit Salz und Pfeffer würzen. Zwiebel, Paprika und Zucchini mit anbraten. Tomatenmark mit anrösten, dann mit Gemüsebrühe und passierten Tomaten ablöschen, aufkochen und etwa 10 Minuten köcheln lassen. Mit Salz, Pfeffer und Paprikapulver abschmecken. Gulasch mit Crème-fraîche-Ersatz und nach Wunsch mit Petersilie garnieren.

Variante Cremiges Seitan-Rahm-Geschnetzeltes

 ± 0 Minuten

3 Schalotten
250 g gemischte Pilze
  (z. B. Champignons und
  Shiitake-Pilze)
2 EL Weizenmehl Type 405
250 ml Gemüsebrühe
200 g Soja-Kochcreme

Seitan in Streifen schneiden. Schalotten abziehen und vierteln. Pilze putzen und je nach Größe kleiner schneiden. Seitan wie oben beschrieben im Öl anbraten. Schalotten und Pilze zugeben. Mit Mehl bestäuben, dann Brühe und Soja-Kochcreme angießen, aufkochen und etwa 10 Minuten köcheln lassen. Mit Salz, Pfeffer und Paprikapulver abschmecken. Dazu schmeckt knuspriges Bauernbrot.

Tofu-Flammkuchen
mit Sauerkraut

🕐 30 Minuten | Für 2 Portionen

Für den Teig
200 g Dinkelvollkornmehl
Salz
Mehl für die Arbeitsfläche

Für den Belag
200 g Seidentofu
2 EL Agavendicksaft
1 TL Speisestärke
Salz
frisch gemahlener weißer
  Pfeffer
100 g Räuchertofu
150 g Sauerkraut
1 EL getrockneter Majoran
1 kleiner Apfel

1. Backofen auf 200 °C (Ober-/Unterhitze) vorheizen. Mehl, Salz und 125 ml Wasser glatt verkneten und auf einer bemehlten Arbeitsfläche zu einem dünnen Flammkuchen ausrollen. Auf ein mit Backpapier belegtes Backblech legen. Seidentofu, 1 EL Agavendicksaft, Stärke, Salz und Pfeffer fein pürieren und auf den Boden streichen.

2. Räuchertofu klein würfeln. Sauerkraut abtropfen lassen, mit Majoran mischen. Apfel waschen, vierteln, entkernen und in Scheiben schneiden. Sauerkraut, Apfel und Tofu auf dem Flammkuchen verteilen. Mit übrigem Agavendicksaft beträufeln und 12–15 Minuten backen.

Variante Tofu-Flammkuchen mit Feigen

🕐 ± 0 Minuten

3 Feigen
2 rote Zwiebeln
4 eingelegte, milde Peperoni

Flammkuchenteig wie oben beschrieben vorbereiten und mit Seidentofu-Creme bestreichen. Räuchertofu würfeln. Feigen waschen und in Scheiben schneiden. Zwiebeln abziehen, halbieren und in Streifen schneiden. Alles mit der Peperoni auf dem Flammkuchen verteilen und wie oben beschrieben backen.

Register

Impressum

Produktmanagement: Doreen Brodowsky
Textredaktion: Jutta Schmolke
Korrektorat: Susanne Langer, M.A
Layout und Satz: Silke Schüler
Umschlaggestaltung: *zeichenpool, München unter Verwendung von Fotos von Maria Brinkop
Repro: Repro Ludwig, Zell am See
Herstellung: Barbara Uhlig

Texte und Rezepte: Isabell Heßmann
Fotografie: Maria Brinkop , außer: Shutterstock: S.5 (Foxys Forest Manufacture), S.10 (vsl), S.12 (Forest Run), S.13 (Alexander Prokopenko), S.14 (Sergey Ryzhov), S.15 (viki2win)

Printed in Slovenia by Florjancic Tisk d.o.o.

Unser komplettes Programm finden Sie unter

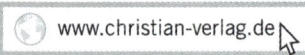
www.christian-verlag.de

Die Deutsche Nationalbibliothek verzeichnet diese Publikation in der Deutschen Nationalbibliografie; detaillierte bibliografische Daten sind im Internet über http://dnb.d-nb.de abrufbar.

© 2017 Christian Verlag GmbH, München

ISBN 978-3-95961-125-1

Sind Sie mit diesem Titel zufrieden? Dann würden wir uns über Ihre Weiterempfehlung freuen.
Erzählen Sie es im Freundeskreis, berichten Sie Ihrem Buchhändler oder bewerten Sie bei Onlinekauf. Und wenn Sie Kritik, Korrekturen, Aktualisierungen haben, freuen wir uns über Ihre Nachricht an Christian Verlag, Postfach 40 02 09, D-80702 München oder per E-Mail an lektorat@verlagshaus.de

Wir bedanken uns ganz herzlich bei „Nostalgie im Kinderzimmer" für die freundliche Unterstützung mit Produkten aus ihrem Sortiment.
www.nostalgieimkinderzimmer.de

Die aufgeführten Rezept-Varianten beziehen sich immer auf das darüberstehende Rezept, ebenso die Zeitangaben.